Knaur.

Im Knaur Taschenbuch Verlag sind bereits folgende Bücher des Autors erschienen:
Wabi Sabi – Nicht perfekt und trotzdem glücklich! (79807)
Der Aszendent – Quelle der Kraft (87289)
Einführung in die intuitive Astrologie (87255)

Über den Autor:
Christopher A. Weidner, Jahrgang 1967, ist Astrologe, Feng-Shui-Berater sowie systemischer Therapeut und lebt als freier Autor in München. Er verfügt über umfangreiche Erfahrungen in den Bereichen Traumarbeit und Trancetechniken und hat zahlreiche Bücher zu verschiedenen fernöstlichen Philosophien verfasst.

Christopher A. Weidner

Träume

Wie die Seele zu uns spricht

Knaur Taschenbuch Verlag

Wichtiger Hinweis

Die im Buch veröffentlichten Ratschläge wurden von Verfasser und Verlag mit größter Sorgfalt erarbeitet und geprüft. Eine Garantie kann jedoch nicht übernommen werden. Ebenso ist eine Haftung des Verfassers bzw. des Verlags und seiner Beauftragten für Personen-, Sach- oder Vermögens- schäden ausgeschlossen.

Besuchen Sie uns im Internet:
www.knaur.de

Das Zitat von Paolo Coelho auf Seite 7 wurde dem Interview mit Marc Höpfner »Ich habe einen Traum« entnommen, erstveröffentlicht in »Die Zeit«, Ausgabe 49/2001.

Originalausgabe Juli 2009
© Knaur Taschenbuch
Ein Unternehmen der Droemerschen Verlagsanstalt
Th. Knaur Nachf. GmbH & Co. KG, München
Alle Rechte vorbehalten. Das Werk darf – auch teilweise – nur mit Genehmigung des Verlags wiedergegeben werden.
Umschlaggestaltungen: ZERO Werbeagentur, München
Umschlagabbildung: Foto: Fine Pic®, München
Illustrationen: Jana Bischoff
Bildnachweis: Illustration S. 179: Susanne Kracht
Satz: Gaby Herbrecht, Mindelheim
Druck und Bindung: Norhaven A/S
Printed in Denmark
ISBN 978-3-426-79828-7

2   4   5   3   1

Inhalt

Traum und Wirklichkeit 9
Das fantastische Reich der Träume 9
Die drei »Wahrheiten des Traums« 19

Reise in ein vertrautes, fremdes Land 27
Das fremde Reich in uns 28
Traum und Alltag 30
Die Traumwelt 32

Eine kleine Kulturgeschichte des Träumens 39
Das älteste Orakel der Menschheit 39
Am Anfang war der Traum 42
Der Königsweg zum Unbewussten 44

Was soll der Traum? 47
Wenn der Körper schläft, träumt der Mensch 47
Vom Sinn und Unsinn des Träumens 54
Der Stoff, aus dem die Träume sind 57

Was will der Traum? 63
Traumarten 63
Zwischen Traum und Wirklichkeit 69

Traumdeutung 75
Fünf goldene Regeln der Traumdeutung 75
Typische Träume 76
Sich an Träume erinnern 81

Träume festhalten 109
Den Inhalt des Traums untersuchen 114
Die Traumsymbole deuten 126
Traummythologie 137
Traumdeutung in der Praxis 149

Mit Träumen arbeiten 161
Trauminkubation 161
Alpträume 167
Kreativ träumen 170

Traumtalismane 177
Traumfänger 177
Sorgenpüppchen 180

Traumpflanzen 181
Traumkissen 181
Traumräucherung 182
Traumöle 183

Literatur 185

Register 186

»Unsere Träume sind die eigentlichen Bestimmungen unseres Lebens, und unser Universum selbst ist ein Traum Gottes. … Aber lebt nicht jeder Mensch in seinem eigenen Kosmos? Das Universum selbst verändert sich ständig. Ist es nun also die Realität, die da in diesem Augenblick vor mir liegt, oder träume ich das alles vielleicht nur, so wie Gott sich unser Universum erträumt? Die Kraft unserer Träume liegt offensichtlich darin, unsere Sicht der Dinge und damit am Ende auch die Welt zu verändern. Wenn die Zahl der Menschen, die einen bestimmten Traum haben, nur groß genug ist, dann wird er am Ende Realität werden. … Das bedeutet übrigens auch, dass ich mich zu entscheiden habe, ob ich die Verantwortung für meinen spirituellen Weg selbst trage oder ob ich sie in die Hände anderer Menschen lege. Es gibt nur diese beiden Möglichkeiten. Wie gefährlich der zweite Weg ist, zeigt uns die Welt jeden Tag. «

Paolo Coelho

Traum und Wirklichkeit

Alles begann mit einem Traum: die Berge, die Täler, die Flüsse, die Sonne, der Mond und die Sterne, die Erde und die Menschen, das Lachen und das Weinen – so erzählen es die Ureinwohner Australiens.

Wir alle träumen, jeder von uns, überall auf der Welt. Wenn wir Menschen etwas miteinander teilen, dann unsere Fähigkeit, jede Nacht, wenn wir die Augen geschlossen haben und unser Alltagsbewusstsein im Schlaf versinkt, eine Reise in eine andere Welt anzutreten. Wie Alice auf ihrem Weg ins Wunderland durchschreiten wir die Spiegel und betreten das fantastische Reich der Träume, in dem alles ein bisschen so ist, wie wir es kennen, und doch völlig anders.

Das fantastische Reich der Träume

Können Sie fliegen? Können Sie in die Vergangenheit reisen oder in die Zukunft? Mit einem Wimpernschlag fremde Orte im Irgendwo besuchen? Können Sie sich in ein Tier verwandeln oder als Tropfen im Ozean verschwinden? Können Sie am Hof des Sonnenkönigs tanzen oder in den Weiten des Universums schwerelos dahintreiben? Sie können all dies und noch viel mehr – in Ihren Träumen.

Aber, so werden Sie vielleicht einwenden, ein Traum ist ein Traum, und die Wirklichkeit ist die Wirklichkeit. In der westlichen Kultur legen wir großen Wert darauf, zwischen diesen beiden Bewusstseinszuständen zu unterscheiden, wobei wir dem Wachzustand deutlich den Vorrang geben. Wir haben gelernt, dass der Traum nur ein Abglanz der Erlebnisse unseres Tagesbewusstseins ist, dass er lediglich unsere Wünsche spiegelt, vielleicht unsere verborgenen Sehnsüchte, die sich ins Unterbewusste verabschiedet haben, um dort ein Schattendasein zu fristen. Träume sind Schäume – sie sind nichts Wirkliches und Konkretes, sondern etwas Verschwommenes, Irreales, Ausgeburten der Fantasie. »Träum weiter!«, spotten wir, wenn jemand Ideen äußert, die unserer Ansicht nach nicht zu verwirklichen sind. Ein »Träumer« ist bestenfalls ein liebenswerter Spinner, dem wir gerne zurufen würden: »Wach auf, sieh der Realität ins Auge!«

Doch diese Ansicht ist nur für unsere Kultur typisch. Sie ist typisch für die moderne, abendländische Einstellung zum Traum, nach der das Reich der Nacht etwas ist, das sich unterhalb der bewussten Welt befindet: im Unterbewussten oder sogar im Unbewussten. Wenn wir bedenken, wie hoch wir die Qualitäten des Bewussten einstufen, wird deutlich, wie gering wir die Qualitäten des Traums schätzen – und damit unterschätzen wir den Traum sehr.

Die Wurzeln dieser Einstellung zum Träumen gehen sicherlich auf das Mittelalter zurück, in der die Botschaften des Traums oft genug als Teufelswerk betrachtet wurden, doch die Aufklärung tat ihr Übriges mit ihrer Idealisierung all dessen, was hell, licht und bewusst ist. Die dunklen Seiten des Lebens wurden nicht mehr nur dämonisiert, sondern schlicht und ergreifend abgewertet in ihrer Bedeutung für das menschliche Leben. Träume, so glauben wir, sind nichts anderes als merkwürdige Auswüchse unserer Vorstellungskraft, denen wir höchstens im Sinne einer amüsanten Anekdote – »Stell dir vor, was ich heute Nacht Absurdes geträumt habe!« – unsere Aufmerksamkeit schenken. Dann gehen wir wieder mit wachen Augen durchs Leben und sind froh, dass die seltsamen Traumbilder keine weitere Macht über uns haben. Aber können wir uns da wirklich so sicher sein?

Wenn wir unsere Haltung mit der anderer Kulturen vergleichen, müssen wir uns eingestehen, dass wir eine Ausnahme darstellen. In vielen anderen Gegenden der Welt wird die Grenze zwischen Wachen und Träumen nicht so strikt gezogen wie bei uns, sie ist durchlässig, feiner, manchmal gar nicht vorhanden. Es gibt Völker, die halten den Traum für die Wirklichkeit und die Wirklichkeit für einen Traum!

Wie viele Ureinwohner Amerikas glauben die Schwarzfußindianer, dass sich im Traumbewusstsein die Wirklichkeit offenbart. Auch die Nyakyusa, ein Bantuvolk am Nordende des Malawisees in Tansania, sind davon überzeugt, dass ihre Seher, indem sie in die Welt der Schatten hinabsteigen, den Menschen die Wirklichkeit offenbaren können. Sie können sogar ihre Feinde im Traum besiegen. Die Kelten wiederum sahen in den Träumen Zugänge zu einer Welt, in der es möglich ist, den Göttern zu begegnen, die sich sonst dem Alltagsbewusstsein nicht zeigen. Wie können wir uns so sicher sein, dass unsere Einstellung die richtige ist?

Natürlich ist es unsinnig, das Traumbewusstsein gegen das Wachbewusstsein auszuspielen: Die Welt des Alltäglichen verlangt den Wachzustand, um bewältigt zu werden. Und mit Sicherheit ist es etwas anderes, im Traum oder im wachen Zustand von einem Hochhaus zu springen … Doch es geht darum, die Balance zwischen diesen beiden Zugängen zur Wirklichkeit herzustellen, indem wir der Welt des Traums wieder mehr Aufmerksamkeit zugestehen, sie nicht mehr abtun, sondern ihren eigenständigen Wert für unser Leben anerkennen. Wie wir dies tun können und auf welche Weise der Traum unser Leben bereichern kann, davon handelt dieses Buch.

Wachen und Träumen

Der erste Schritt in das Land hinter den Spiegeln, ins Reich der Träume, führt über die Erkenntnis, dass es zwei gleichwertige Bewusstseinszustände gibt: Wachen und Träumen. Jeder ist auf seine ganz besondere Weise wahr und verdient unseren Respekt. Wenn wir wach sind, können wir unseren Alltag planen, Rechenaufgaben lösen oder Vokabeln lernen, wir können Auto fahren, gefahrlos eine warme Mahlzeit zubereiten oder ohne Schaden zu nehmen eine Straße überqueren. Ohne unser Wachbewusstsein hätten wir es wirklich schwer, auch nur einen Tag lebend zu überstehen. Dafür können wir ihm dankbar sein!

Doch wenn wir träumen, verändert sich unsere Sicht der Dinge. Die Regeln der Logik werden außer Kraft gesetzt, Raum und Zeit verschieben sich. Alles, was wir wissen oder zu wissen glauben, kann sich in etwas völlig Unerwartetes verwandeln, vertraute Formen verlieren ihre Gestalt und beginnen zu fließen. Neue Eigenschaften bestimmen unser Dasein, wir können Dinge tun, die die Fähigkeiten unseres Wachbewusstseins überschreiten, können auf einmal singen, tanzen, dichten, ein Auto reparieren oder fliegen. Das Traumbewusstsein führt uns über unsere alltäglichen Begrenzungen hinaus, zeigt uns Ressourcen unserer Seele, die uns ansonsten im Alltag wenig bewusst sind.

Träume kommen aus uns selbst

Selbst wenn die aufgeklärte Sicht auf die Welt im Traum nicht mehr sehen will als ein Hirngespinst, so haben wir ihr letztlich auch etwas zu verdanken: Sie räumte auf mit der Vorstellung, Träume würden uns von außen gesendet, wären Botschaften der Götter oder Dämonen. Es waren schließlich so großartige Traumforscher wie Sigmund Freud und C. G. Jung, die die Idee prägten, Träume kämen von innen, aus den Tiefen einer inneren Welt, die sie das Unbewusste nannten. Doch das eigentlich Bedeutsame an ihrer Idee ist, dass sie dem Individuum die Verantwortung für die Gestaltungskraft der Traumwelt übergaben. Träume waren von nun an nicht mehr Ausdruck der Fremdbestimmung durch höhere Kräfte, sondern Eigentum des Menschen, Ausdruck seiner Schöpferkraft. Und weil das so ist, gewährt uns der Traum Zugang zu den ungenutzten Ressourcen unserer Persönlichkeit.

Träume beflügeln unsere Vorstellungskraft und zeigen uns, dass wir mehr sind als das, was wir im Zustand des Alltagsbewusstseins von uns wahrnehmen können. Wenn wir wach sind, ist nur ein Teil unseres Selbst aktiv und wirklich relevant. Alles andere schlummert in den Tiefen unserer Seele, um aktiv zu werden, wenn der Schlaf die Grenzen zur Traumwelt auflöst. Was auch immer wir für richtig und wichtig erachten, wenn wir wach sind, das wird in Frage gestellt, wenn wir träumen. Dies erlaubt uns, uns selbst zu hinterfragen und unser Leben immer wieder neu auszurichten – und das jeden Morgen aufs Neue! Solange wir träumen, können wir sicher sein, dass die Version unseres Selbst, die sich tagsüber entfaltet, nachts neue Impulse bekommen kann, um über sich selbst hinauszuwachsen.

So steht der Traum für die Fähigkeit des Menschen, sich zu verändern, nicht nur sich selbst, sondern auch die Bedingungen, unter denen er lebt: »I have a dream« – so begann jene denkwürdige Rede des Martin Luther King, in der er die Zukunft eines Amerika ohne Diskriminierung voraussah. Erst existiert es in unserer Fantasie, dann kann es Wirklichkeit werden. Der Traum ist das Reich, in dem heute schon möglich ist, was morgen erst wirklich ist.

Im Traum ist alles möglich

In der Welt des Wachbewusstseins herrscht das Wissen, in der Welt des Traumbewusstseins herrscht die Fantasie. Wissen ist begrenzt, es kann immer nur das umfassen, worauf wir als bekannt zurückgreifen können. Die Fantasie hingegen dringt durch die Mauern des Bekannten ins Reich des Unbekannten. Sie ist ohne Grenzen. Im Alltag fällt es uns manchmal schwer, den Zugang zur Fantasie zu finden, doch wenn wir uns entspannen und einschlafen, öffnet der Traum die Türen unserer Vorstellungskraft.

Der Traum kann auch verborgene und verloren geglaubte Fähigkeiten reaktivieren. Er kann uns in schwierigen Situationen unseres Lebens wieder in Berührung mit wichtigen Kraftquellen bringen, aus denen wir Lösung, Hoffnung und Vertrauen schöpfen können. Während im Wachzustand unsere Gedanken schon mal im Kreis gehen, weil wir uns schwertun, die Bahnen des Gewohnten zu verlassen, brechen Träume jede Routine. Sie verknüpfen unsere Erfahrungen auf eine nicht vorhersehbare und nicht kontrollierbare Weise miteinander, so dass etwas Neues entsteht, das uns aus den Sackgassen des Denkens führen kann.

Der Traum ist unser bester Ratgeber, er ist der ideale Coach, denn wer kennt uns besser als wir selbst? Wer könnte treffsicherer wissen, was uns guttut und was nicht? Um diesem Coach jedoch eine Stimme zu verleihen, die auch von unserem Alltagsbewusstsein gehört und verstanden werden kann, ist ein wenig Übung notwendig – und Disziplin. An erster Stelle steht das Führen eines Traumtagebuchs: Dies ist eine unabdingbare Voraussetzung für das erfolgreiche Arbeiten mit Träumen.

Durch die Psychologie wurde dem Traum zwar wieder ein Platz in der Mitte unseres Lebens zugestanden, dennoch blieb er dem

Wachbewusstsein untergeordnet. Für uns aber gilt: Wir wollen die Grenze zwischen der Traumwelt und der Alltagswelt durchlässiger machen, ohne die eine Welt gegen die andere auszuspielen. An dieser Grenze wollen wir beiden Welten mit Respekt begegnen und sie dazu bewegen, miteinander zu arbeiten.

Der Traum kennt tausend Wahrheiten

Eine weitere wichtige Erkenntnis, die uns den Traum zum universellen Ratgeber für unser Leben werden lässt, lautet: Der Traum kennt nicht eine, sondern tausend Wahrheiten! Der Traum ist ein Reich der Möglichkeiten, wohingegen das Wachen ein Reich der Wirklichkeiten ist. In der Wirklichkeit bemühen wir uns, zwischen Richtig und Falsch zu unterscheiden. Wir legen Wert darauf, klare Antworten auf unsere Fragen zu finden. Auch dies hat mit der Tradition der Aufklärung zu tun, die das Licht der Vernunft auf unsere Welt werfen wollte – ein Licht, das den Schatten des Zweifels vertreiben sollte. Doch im Zwielicht zwischen Hell und Dunkel, zwischen Vernunft und Fantasie, zwischen Wirklichkeit und Möglichkeit finden wir einen anderen Zugang zu unserem Leben, in dem das Vieldeutige das Eindeutige besiegt. Hier lautet die Antwort auf unsere Fragen nicht »Ja« oder »Nein« – sondern »Vielleicht«.

Die Kraft des Traums beruht nicht auf seiner Klarheit, sondern auf seiner Vieldeutigkeit. Das größte Missverständnis der Traumdeutung besteht darin, dass man glaubt, die nächtlichen Bilder könnten in unmissverständliche Botschaften transformiert werden. Jede Deutung eines Traums ist immer schon eine Einschränkung, reduziert ihn auf eine bestimmte Ebene. Das ist weder verkehrt noch richtig, sondern einfach ein Umstand, den wir bedenken müssen, wenn wir Traum- und Wachbewusstsein einander begegnen lassen.

Über alle Zeiten hinweg haben Menschen versucht, anderen Menschen zu erklären, was ihre Träume bedeuten. Doch der Traum und seine Bildersprache sind zutiefst persönlich zu verstehen. In diesem Buch werden Sie zwar den einen oder anderen Hinweis auf mögliche Deutungsansätze für bestimmte häufige Traumbilder finden, trotzdem gilt hier der Grundsatz: Nur der Träumer kennt die Bedeutung seines Traums.

Träume sind nicht kontrollierbar

Die Traumwelt ist eine der wenigen Domänen in unserem Leben, in denen wir nicht kontrollieren können, was geschieht. Wir können nicht vorhersagen, was wir träumen werden, sobald wir unsere Augen geschlossen haben. Kontrolle gehört in den Bereich unseres Wachbewusstseins, immer dann, wenn wir planen und Entscheidungen treffen müssen. In unseren Träumen spielt diese Kontrolle keine Rolle – aus gutem Grund, denn nur dann kann der Traum wirklich neue Zusammenhänge offenbaren und sich als das präsentieren, was er ist: eine Quelle der unbekannten Möglichkeiten. Dennoch gibt es auch im Traum Situationen, in denen wir die Kontrolle (scheinbar) innehaben: Wir träumen bewusst. Für manche ist dieses bewusste oder »klare« Träumen sogar die höchste Kunst, auch bekannt als »Traum-Yoga«. Dieses Buch möchte jedoch den Traum nicht zu einer weiteren Kolonie unseres Wachbewusstseins machen, sondern ihn in seiner Eigenheit bewahren. Gerade die fehlende Kontrolle macht den Traum für uns moderne Menschen, die stets alles im Griff haben wollen und für die Sicherheit in allen Lebenslagen ein so hohes Gut geworden ist, zu einer einzigartigen Ressource. Hier können wir die Grenzen unserer Gewohnheiten überschreiten, auch wenn dies bedeutet, sich zeitweise der Ungewissheit und vielleicht sogar der Bedrohung durch das Unbekannte auszusetzen. Die Reise an die Quellen der Nacht ist ein Abenteuer – und soll es auch bleiben.

Der Traum soll auf eine andere Weise unser Leben bereichern, nämlich als Impuls für mehr Kreativität und Selbstvertrauen. Wenn wir uns mit den Träumen beschäftigen, dann wollen wir sie nicht kontrollieren, sondern an der Grenze zwischen Wach- und Traumbewusstsein Erfahrungen sammeln, die uns neue Perspektiven auf unser Dasein schenken.

Das Traumland mit einer klaren Absicht betreten

Daher ist es ein wichtiger Aspekt in der Traumarbeit, mit einer klaren Absicht in das unbekannte Land aufzubrechen. Denn wer nirgendwohin will, kommt auch nur irgendwo an.

Tatsächlich sind viele unserer Träume allein deshalb nicht der Erinnerung wert – und werden auch ganz automatisch vergessen –, weil sie einfach nur geschehen: Sie tauchen auf wie eine Fata Morgana und verlieren sich mit dem Erwachen unseres Tagesbewusstseins genauso schnell, wie sie gekommen sind. Vielleicht irritieren sie uns für einen Augenblick, aber sobald der Alltag uns wieder fest im Griff hat, sind sie verflogen. Das ist für die meisten Menschen der Normalzustand. Wer jedoch Träume als Kraftquellen nutzen möchte, muss ihnen mit der gleichen Achtsamkeit begegnen, die wir auf wichtige alltägliche Belange verwenden. Denn wenn wir in unserem wachen Leben erfolgreich sein wollen, dann müssen wir unserem Handeln eine Richtung geben. Wir müssen Absichten verfolgen, statt uns nur treiben zu lassen.

In anderen Kulturen, in denen die Traumwelt mit großer Ehrfurcht betrachtet wird, wird dies schon lange berücksichtigt. Wenn beispielsweise die Crow, ein Indianerstamm der Sioux, einen bedeutsamen Traum erleben wollten, dann zogen sie sich an einen einsamen Ort zurück, aßen nichts und tranken nichts und warteten, bis sich eine Traumvision einstellte. Um ihre große Ehrfurcht vor dem Traum zu bekunden, schnitten sie sich sogar Glieder ihrer Finger ab und opferten sie den Geistern. Für sie war der Traum eine sehr ernst zu nehmende Angelegenheit. Von diesem Ernst gegenüber dem Traumbewusstsein können wir uns etwas abschauen, auch wenn ich niemandem zu dem gleichen schmerzhaften Opfer raten würde. Diese Ernsthaftigkeit zeigt, dass wir dieser anderen Seite unseres Bewusstseins genauso respektvoll und mit einer klaren Absicht begegnen müssen, wie wir es mit allen anderen Ressourcen tun, die wir in unserem Wachbewusstsein hegen und pflegen, sei es unser materieller Besitz, unsere geistigen Prinzipien, unsere Freunde oder unsere Familie. Die Traumwelt ist nicht weniger wert als die Alltagswelt.

Sich an Träume erinnern

Die einfachste und effektivste Form, dem Traum Respekt zu erweisen, ist, sich an ihn zu erinnern. Es ist wichtig zu verstehen, dass jeder Traum immer nur Erinnerung sein kann. Sobald unser Wachbewusstsein auf das Traumgeschehen Zugriff hat, wird es das Erlebte nach seinen Kriterien ordnen und gestalten. Das, was wir meinen, wenn wir einen Traum erzählen, ist nicht der Traum selbst, sondern lediglich das, was unsere Erinnerung aus dem Erlebten geschaffen hat – ein Konstrukt. Der Traum selbst bleibt für immer auf der anderen Seite des Bewusstseins, jenseits der Grenze. Dies können wir uns zunutze machen, indem wir diese Erinnerungen pflegen.

Viele Empfehlungen, Anleitungen und Vorschläge zur Traumarbeit, die Sie in diesem Buch finden, sind nicht zwingend und können abgewandelt werden. Eine Empfehlung jedoch möchte ich Ihnen dringend ans Herz legen, denn sie ist der Grundstein für jede gute und erfolgreiche Beschäftigung mit Träumen: Schreiben Sie Ihre Träume auf! Das Traumtagebuch ist das wichtigste Hilfsmittel für die Traumarbeit.

Sie werden feststellen: Es ist ein großer Unterschied, ob wir einen Traum einfach nur nach dem Aufwachen kurz Revue passieren lassen, oder ob wir uns wirklich die Zeit nehmen, ihn niederzuschreiben, ihn in Worte zu kleiden und ihm eine erste Gestalt zu verleihen. Das geschriebene Wort verwandelt das Erlebte in etwas Fassbares, Konkretes – das ideale Ausgangsmaterial für ein weiteres Erforschen unserer Seele. Wenn Sie sich dies zur Gewohnheit gemacht haben, werden Sie merken, dass die Erinnerung an den Traum immer beständiger wird und Sie sich an immer mehr Details erinnern werden.

Ein Traumtagebuch zu führen ist ein gutes Beispiel dafür, wie das, was wir im Wachbewusstsein an Absicht in die Traumarbeit stecken, die Aktivität unseres Traumbewusstseins intensiviert und erhöht. Zugleich schaffen wir uns mit einem Traumtagebuch das Fundament für die Entwicklung einer umfassenden, ganz persönlichen Traummythologie. Das Tagebuch ist für den Traumarbeiter fast so etwas wie ein Heiligtum, denn es offenbart sich nach und nach als Enzyklopädie der eigenen inneren Landschaft mit all ihrem unerschöpflichen Reichtum und ihren fantastischen Möglichkeiten.

Die drei »Wahrheiten des Traums«

Auf den vorangegangenen Seiten wurde bereits beschrieben, was uns bei der Arbeit mit Träumen erwartet, was wir zu beachten und zu bedenken haben. In diesem Kapitel soll auf drei Aspekte noch einmal genauer eingegangen werden. Denn die hier folgenden drei »Wahrheiten des Traums« sind Grundvoraussetzung für eine erfolgreiche Traumarbeit. Sie bestimmen die Haltung, die wir einnehmen, wenn wir uns auf die Reise an die Quellen der Nacht begeben, und wir sollten sie daher immer präsent haben. Die drei Wahrheiten sind:

1. Traumbewusstsein und Wachbewusstsein sind gleichwertig.
2. Es gibt keine »richtige« Deutung des Traums.
3. Der Traum braucht Aufmerksamkeit, wenn er zur
  Kraftquelle werden soll.

Traumbewusstsein und Wachbewusstsein sind gleichwertig

Um erfolgreich mit Träumen arbeiten zu können, ist es wichtig, die Wirklichkeit des Traums uneingeschränkt anzunehmen. Wie bereits beschrieben wurde, wertet unsere Kultur das nächtliche Erleben offensichtlich oder versteckt ab, indem es den Traum mit Fantasterei verbindet oder ihn dem Wachbewusstsein unterordnet. Wir sind groß geworden mit der Vorstellung, dass das, was wir mit wachem Verstand erleben, wahr und wirklich ist, und das, was wir im Zustand des Träumens erleben, falsch und unwirklich ist. Umso überraschter sind viele Menschen, wenn sie feststellen, dass sich Wachbewusstsein und Traumbewusstsein wechselseitig beeinflussen. Was wir im Wachbewusstsein tun, wird sich auf das Traumbewusstsein auswirken, und was wir im Traumbewusstsein erleben, wird sich im Wachbewusstsein niederschlagen. Die Grenze zwischen beiden Welten ist beileibe nicht so undurchlässig, wie wir uns das denken.

Das wird uns insbesondere dann bewusst, wenn uns Alpträume plagen oder der Inhalt eines Traums uns noch tagelang verfolgt. Wenn einmal der Damm zwischen beiden gebrochen ist, kostet es manchmal viel Geduld und Kraft, Traumleben und Alltagsleben wieder fein säuberlich zu trennen. Ich schlage Ihnen vor, die Grenze zwischen Wachen und Träumen bewusst aufzusuchen. An dieser Grenze bieten sich uns zahlreiche Möglichkeiten, den Traum als Quelle der Kraft kennenzulernen – und nicht als Gegenspieler unseres Wachbewusstseins. Es geht darum, diese Grenze nicht nur als Trennlinie zu verstehen, sondern auch als Berührungslinie, die diese beiden Formen des Bewusstseins miteinander verbindet – so wie ein Zaun zwei Gärten klar voneinander trennt, aber auch die Zone markiert, in der ein Austausch zwischen beiden möglich wird.

Es geht nicht darum, die Grenze zu ignorieren oder gar verschwinden zu lassen. Beide Welten sollen und müssen getrennt nebeneinander bestehen. Das heißt im Klartext: Wir wollen dem Wachbewusstsein nicht seine Klarheit und seine Vernunft nehmen, und wir wollen dem Traumbewusstsein nicht seine Vieldeutigkeit und seine Fantasie nehmen. Weder wollen wir den Traum zum Maßstab unserer Realität auf der Seite des Alltagsbewusstseins machen, noch wollen wir mit unserem Wachbewusstsein beginnen, den Traum zu kontrollieren. Doch als Kultur, die den Umgang mit dem Wachbewusstsein weitaus besser trainiert hat als den mit dem Traumbewusstsein, ist es unsere vorrangige Aufgabe, wieder Vertrauen in die Wirklichkeit des Traums zu gewinnen. Dazu müssen wir zu Grenzgängern werden, etwas, das in anderen Kulturen und zu anderen Zeiten der Menschheitsentwicklung selbstverständlicher ist und war.

Es gibt keine »richtige« Deutung des Traums

Der Glaube, es gäbe so etwas wie eine richtige oder falsche Deutung eines Traums, ist eine der großen Fallen, in die wir bei der Traumarbeit tappen können. In einigen Traumdeutungsschulen wird die Vorstellung verbreitet, die Bilder eines Traums ergäben in der Summe eine klare Aussage. Schon in der Antike versuchte man, den Traum zu standardisieren, und noch heute sind Traumsymbol-Lexika beliebt. Doch jeder Versuch, das Traumgeschehen auf einen Nenner zu bringen, gleicht der Absicht, das Leben über einen Kamm zu scheren.

Dahinter steckt oft der Glaube, es gäbe so etwas wie eine allgemeingültige, für alle Menschen verbindliche Ordnung, die nach der Analyse des Traums sichtbar würde. Doch überlegen Sie selbst: Was löst bei Ihnen der Anblick einer Rose aus? Vielleicht ist für Sie, wie für viele andere Menschen, die Rose ein Symbol der Liebe. Und vielleicht erfüllt Sie der Anblick nicht mit Freude, sondern mit Trauer, weil Ihr Verflossener Ihnen immer Rosen mitgebracht hat. Oder Sie denken an Ihre verstorbene Tante Agathe, die Rosen so gerne mochte, oder Sie assoziieren damit den Spruch »Keine Rose ohne Dornen« etc. Das Bild einer Rose besitzt so viele verschiedene Ebenen, dass es schon im Wachbewusstsein schwerfällt, eine allgemeingültige festzulegen. Oder denken Sie an Ihr Lieblingsgedicht. Können Sie sicher sein, dass es bei allen Menschen die gleichen Gefühle auslösen wird wie bei Ihnen? Sicher nicht, denn jeder Mensch deutet das, was er wahrnimmt, stets vor dem Hintergrund seiner ganz persönlichen Erlebnisse und Erfahrungen. Und selbst das, was wir selbst heute für stimmig betrachten, mag uns morgen in einem völlig anderen Licht erscheinen, weil wir uns verändert haben und damit auch unser Zugang zur Wirklichkeit ein anderer ist.

Es ist kein Geheimnis, wenn wir feststellen, dass die Wahrnehmung der Welt eine sehr persönliche Angelegenheit ist und dass niemand von sich behaupten kann, seine Sicht der Dinge sei die einzig richtige – auch wenn es uns manchmal schwerfällt, das zu akzeptieren. Wenn dies aber schon im Wachbewusstsein so ist, um wie viel vielschichtiger ist dann die Wahrnehmung im Traumbewusstsein? Es ist ein Merkmal des Wachbewusstseins, stets zu versuchen, eine Wahrnehmung präzise zu deuten – wenigstens für den Moment –, denn dies hat sich als besonders alltagstauglich erwiesen. Das Traumbewusstsein schöpft jedoch aus seinem Vermögen, all die anderen Assoziationen, die im Alltag herausgefiltert wurden, zuzulassen. Seine große Kraft besteht in seiner Ambiguität, der Vieldeutigkeit, der Unschärfe in der Bedeutung. Natürlich kann die Rose im Traum derselben Assoziation folgen wie die Rose, die uns im Wachzustand begegnet, sie hat aber auch noch viele andere Ebenen der Bedeutung, die uns auf völlig neue und bereichernde Zusammenhänge bringen kann. Wenn wir diese Deutungen durch das Nachschlagen in Traumlexika ausklammern, berauben wir uns der Möglichkeit, diese Zusammenhänge zu entdecken – und das wäre wirklich schade!

Auch wenn es unserem Alltagsbewusstsein zunächst widerstrebt, müssen wir lernen, die Vieldeutigkeit des Traums auszuhalten. Widerstehen Sie der Versuchung, sich die Frage zu stellen: »Und was bedeutet das jetzt genau?« Erst wenn wir uns von dem Wunsch verabschieden, auch unsere Traumwelt völlig im Griff zu haben, wird sich vor unserem staunenden Auge eine Schatzkammer öffnen. Eine Bedeutung mag Ihnen im Moment richtig erscheinen, aber im nächsten Augenblick kann sie auch schon wieder ihre feste Gestalt verlieren. Wie ein Kaleidoskop, das sich ununterbrochen dreht, werden sich dem Traumdeuter immer neue Ansichten ein und desselben Geschehens darbieten. Jede eindeutige Aussage, die wir aus dem Traum destillieren, ist daher immer nur für den Moment gültig. Und sie ist zutiefst persönlich und individuell, auf keinen Fall übertragbar auf andere Menschen.

Der Traum braucht Aufmerksamkeit, wenn er zur Kraftquelle werden soll

Traumarbeit geschieht an der Grenze zwischen Wachen und Schlafen. Hier begegnen sich die beiden Welten und können schöpferisch zusammenwirken. Die Botschaft eines Traums wird aber erst dann sichtbar, wenn wir unsere Aufmerksamkeit darauf richten, wenn also Traumbewusstsein und Wachbewusstsein zusammenarbeiten. Überlegen Sie einmal: Wir träumen jede Nacht. Unser Traumbewusstsein ist genauso aktiv wie unser Wachbewusstsein. Jede Nacht produziert unser träumendes Gehirn eine Flut von Bildern. Und nun denken Sie an die letzte Stunde: Wie gut können Sie sich an das erinnern, was in dieser Zeit geschehen ist? Wissen Sie noch jedes Detail? Wahrscheinlich können Sie sich nur an das erinnern, was Sie wirklich aufmerksam betrachtet haben. Der Rest ist irgendwo in Ihrem Gedächtnis verschwunden.

Genauso geht es uns mit dem, was wir im Traum erleben. Vieles verschwindet einfach, sobald das Wachbewusstsein das Regiment übernimmt. Und das ist völlig in Ordnung. Doch wenn wir zu Grenzgängern an den Ufern der Traumlandschaft werden wollen, dann müssen wir uns angewöhnen, unsere Aufmerksamkeit auf unsere Träume zu richten. Statt sich mit vagen Erinnerungen an Traumbilder zufriedenzugeben, müssen wir neugierig werden. Viele Menschen beklagen sich, dass sie nicht träumen. In Wirklichkeit haben sie lediglich aufgehört, sich an ihre Träume zu erinnern. Dies ist das Ergebnis einer Haltung, die Träume als reine Hirngespinste abtut. Warum sollten Träume zu uns kommen, wenn wir ihnen mit so wenig Achtung begegnen? Erst wenn wir unsere Aufmerksamkeit wieder auf die Träume richten, werden wir uns auch an sie erinnern.

Die meisten Menschen berichten, dass die Erinnerung an das nächtliche Geschehen immer intensiver wird, sobald sie begonnen haben, ihren Träumen Zeit zu widmen. Es ist keine Seltenheit, dass Menschen, die in Traumarbeit geübt sind, sich an drei bis vier oder sogar mehr Träume pro Nacht erinnern! Traumarbeit schafft ein Gleichgewicht zwischen den beiden Bewusstseinszuständen und ermöglicht dadurch, dass sich beide gegenseitig befruchten: Der Traum kann unseren Alltag bereichern, und der Alltag kann den Traum gestalten.

Wenn Sie dem Traum Aufmerksamkeit schenken, macht sich dies auf verschiedene Weise bemerkbar. Sie werden feststellen, dass Sie die Erinnerungen an Traumbilder im Wachbewusstsein wieder aufrufen können. Manchmal überkommt einen die Erinnerung an ein Traumbild blitzartig, während man ganz alltägliche Dinge tut – einkaufen, die Haare kämmen, abspülen, spazieren gehen. Und mit zunehmender Übung werden Sie die Schlüssel für viele rätselhafte Traumbilder im ganz alltäglichen Geschehen finden. Im Traum wiederum werden Sie immer wieder Sequenzen erleben, in denen Sie wie bewusst die Dinge steuern können, und das von ganz alleine und ohne es erzwingen zu müssen. Sie können z. B. im Traum einer Gestalt eine Frage stellen oder die Verweildauer in einer Traumszene verlängern, wenn Sie das möchten. Der Traum wird Ihnen immer häufiger anbieten, beim Träumen selbst schöpferisch zu werden – ohne dass es darum geht, den Traum zu kontrollieren. Gegenstände, die Sie sich bewusst aus dem Wachbewusstsein »mitgenommen« haben, werden im Traum auftauchen und sich von neuen Seiten zeigen. Fragen, die im Alltag keine Antwort gefunden haben, können im Traum gelöst werden – wenn auch stets auf die dem Traum eigene, bildhafte Weise. Diese punktuelle Vermischung zwischen den beiden Welten ist ein gutes Zeichen dafür, dass Ihr

Traumbewusstsein und Ihr Wachbewusstsein begonnen haben, miteinander zu arbeiten.

Doch bevor Sie so weit sind, müssen Sie es trainieren, Ihre Aufmerksamkeit auf den Traum zu richten – und das beginnt schon im Wachzustand, indem Sie Ihrem Verstand »Futter« geben. Stimmen Sie sich auf die Traumarbeit ein! Das geschieht am besten dadurch, dass Sie sich dem Phänomen »Traum« von möglichst vielen verschiedenen Seiten nähern.

Reise in ein vertrautes, fremdes Land

Ich befinde mich in einem Kaufhaus, in der Schmuckabteilung. Eine Verkäuferin kommt aufgeregt auf mich zu und erzählt mir, dass Ringe gestohlen wurden. Was sie nicht weiß: Ich bin der Dieb und verstecke gerade die Ringe in meiner linken Hand. Es handelt sich um mehrere ganz einfache, dünne Ringe, die irgendwie ineinander verschlungen sind, wie das manchmal bei Ringen ist, die für Schlüsselanhänger verwendet werden. Sie sind ziemlich dünn, wie aus einem stabilen Draht, ich weiß aber nicht, um welches Material es sich handelt. Möglichst unauffällig lasse ich die Ringe in der Falte meines Pullovers verschwinden. Um die Aufmerksamkeit von mir abzulenken, gebe ich vor, gesehen zu haben, in welche Richtung die Diebin gelaufen sei, und erkläre mich dazu bereit, die Verfolgung aufzunehmen. Die Verkäuferin soll doch in der Zwischenzeit die Polizei rufen. Ich renne eine Rolltreppe hinunter und aus dem Kaufhaus hinaus. Vor dem Haupteingang steht ein Polizeiauto, an dem zwei Polizisten lehnen. Ich lasse sie links liegen und renne rechts um das Gebäude herum, und auf einmal laufe ich einen kiesigen Weg mit einigen Pfützen entlang. Auf der rechten Seite wird der Weg von so etwas wie einer Mauer begrenzt, die mal höher, mal niedriger verläuft und mich irgendwie stört. Links von mir ist eher so etwas wie eine Grünfläche. Es ist, als ob ich durch eine Parkanlage laufe. Ab und zu kreuzt ein anderer Weg meine Bahn. Die ganze Zeit suche ich einen Platz, wo ich die Ringe verstecken kann, doch nirgends bin ich ungestört, immer fühle ich mich beobachtet. Auf einmal läuft eine Frau neben mir, mal scheint sie wie eine Joggerin gekleidet, dann trägt sie wieder ein ganz normales Kleid. Ich kann sie zwar nicht genau erkennen, aber sie spricht mich mit französischem Akzent freundlich an und lädt mich zu einem Wortspiel ein. Ich solle ein

Wort vorgeben. Ich überlege kurz, dann sage ich »Friedhof«. Sie lacht kurz und sagt, das sei ein schwieriges Wort. Jetzt ist sie an der Reihe und sie sagt: »Natur«. Dann wache ich auf. Ich fühle mich seltsam — als ob ich wirklich etwas Verbotenes getan habe —, zugleich gespannt und ein bisschen enttäuscht, weil ich nicht weiß, ob es mir gelingen wird, meinen Diebstahl zu verbergen.

Bitte überlegen Sie kurz: Welche Merkmale verraten Ihnen, dass es sich bei dieser Geschichte um einen Traum handelt und nicht um eine ganz gewöhnliche Geschichte aus dem Alltag? Wir werden später auf diese zentrale Frage eingehen.

Das fremde Reich in uns

Wer ist dieses »Ich«, von dem wir sprechen, wenn wir unsere Träume erzählen? Und wer sind wir im Unterschied dazu, wenn wir wach sind? Träume — nichts ist uns näher und zugleich fremder als diese seltsamen nächtlichen Erlebnisse, die uns der Schlaf jede Nacht aufs Neue schenkt und die irgendwo aus der Mitte unserer Seele aufsteigen.

Eine Reise auf den Schwingen des Schlafes in dieses innere Reich ist immer auch eine Reise in das Unbekannte — auch wenn dieses Unbekannte nicht viele tausend Meilen von uns entfernt ist, sondern in uns liegt. Wir wissen nicht, was wir träumen werden, wenn wir einschlafen, wir wissen nicht, welche verborgenen Winkel des Traumreiches wir diesmal besichtigen und welche Abenteuer wir bestehen werden. Wir wissen nicht einmal, ob wir uns nach dem Aufwachen überhaupt daran erinnern werden. Alles ist ungewiss im Reich der Träume — nur eins ist sicher: Was auch immer der Traum uns vorführen wird – er wird nicht danach fragen, ob wir es sehen, hören, spüren wollen.

Das ist das Paradox des Traums: Wenn wir träumen, sind wir so nahe bei uns, wie wir es im Wachen selten sind, und doch sind wir uns selbst völlig fremd – so fremd, dass wir keine Macht mehr über die Bilder haben, die uns unser Gehirn im Traum anbietet. Wenn wir in die innere Landschaft des Traums reisen, befreien wir uns von den Normen und Konventionen der äußeren Landschaft des Wachseins: Unsere Seele, unsere Fantasie ist entfesselt. Doch diese Freiheit kann uns auch in Bedrängnis bringen: Der Traum kennt keine Moral, kein Richtig und Falsch, er zeigt uns rücksichtslos und radikal das, was in uns steckt – auch das, was wir nicht gerne sehen wollen.

Im eingangs erzählten Traum wird der Träumer zum Dieb. Er klaut in einem Kaufhaus und belügt schamlos die Verkäuferin. Dann macht er sich aus dem Staub. Doch anstatt ein schlechtes Gewissen zu haben, hat er nur eine Angst: erwischt zu werden. Würde das Ich des Wachbewusstseins sich ähnlich verhalten? Sehr wahrscheinlich nicht. Die Schwelle, einen solchen Tabubruch zu begehen, liegt für die meisten Menschen sehr hoch. Sie haben Respekt vor dem Gesetz, auch wenn es sie manchmal in den Fingern juckt, sich »daneben«zubenehmen. Nicht so das Traum-Ich: Es kann es sich leisten, zum Kriminellen zu werden, erlebt das sogar als ein spannendes Abenteuer. Im Traum zeigen wir oftmals Seiten, die wir tagsüber gar nicht an uns vermuten würden, für die wir uns vielleicht nach dem Aufwachen, wenn sie sich im Traum offenbart haben, sogar etwas schämen. Der frommste Prediger kann im Traum zum größten Sünder werden.

Träume sind also nicht immer ein Grund zur Freude – sie machen uns Angst, beschämen und verwirren uns, machen uns traurig und nehmen uns mit den seltsamsten Leidenschaften in

Beschlag. Manchmal erkennen wir uns nicht wieder! Nicht selten heftet sich ein besonders intensives Traumerleben an das Wachbewusstsein und lässt uns den ganzen Tag nicht mehr los. Wir sind zutiefst verunsichert.

Was also ist ein Traum? Wie erkennen wir, wann wir träumen? Welchen Gesetzen folgt die Traumwelt?

Traum und Alltag

Was ist ein Traum? – diese Frage scheint einfach zu beantworten, schließlich hat jeder Mensch Erfahrung damit: Jeder Mensch träumt, ob er sich nun daran erinnert oder nicht. Doch wenn wir genauer darüber nachdenken, wird uns die Antwort immer schwerer fallen, denn wenn wir uns mitten im Traum befinden, wissen wir zumeist nicht, dass wir träumen (Ausnahme sind die sogenannten Wach- oder luziden Träume), und wenn wir wach sind, haben wir nur die Erinnerung an den Traum – wenn überhaupt etwas übrig bleibt von den Bildern der Nacht. Ein Traum ist immer nur Erinnerung.

Traumhaus oder Alptraum

Im Alltag begegnet uns der Traum in vielen Redensarten. »Wie ein Traum« oder »traumhaft« ist etwas, wenn es außergewöhnlich, unwirklich schön ist und dabei alle unsere Erwartungen übertrifft, wie eine Traumhochzeit oder das Traumwetter. »Ein Traum wird wahr«, wenn uns etwas widerfährt, womit wir niemals gerechnet haben. Und wenn wir keine Hoffnung haben, dass etwas jemals Wirklichkeit wird, dann »können wir nur davon träumen«. Viele Menschen haben einen Traum: Sie warten auf einen Traumjob, ein Traumhaus, den Traumprinz oder die

Traumprinzessin. Und wenn dieser Wunsch sich erfüllt, dann wird ein Traum wahr. Der Traum ist etwas, das aus einer Welt jenseits des Wirklichen in unsere Welt des Alltäglichen hineinreicht, und zwar nicht wie das Wunder plötzlich und ohne Warnung, sondern fortwährend. Der Traum begleitet uns durch das Leben wie ein Bereich, in dem unsere Wünsche, Hoffnungen und Idealvorstellungen beheimatet sind – eine Welt der Visionen von einem besseren, schöneren Leben.

Wer zu viele Träume hat, den nennen wir einen Träumer, und meinen damit, dass er den Boden unter den Füßen verloren hat. »Er lebt in einer Traumwelt«, wenn er nicht mehr zwischen Wunsch und Wirklichkeit unterscheiden kann. Der Traum ist nicht nur Heimat der Ideale, sondern auch Quelle von Illusionen und Trugbildern. »Hör auf zu träumen!«, fordern wir andere heraus, sich wieder mit den nüchternen Tatsachen zu beschäftigen. »Träume sind Schäume«, warnt uns das bekannte Zitat vor Selbsttäuschungen und Betrug. Sprachgeschichtlich ist die Herkunft des Wortes unklar – wahrscheinlich steckt im »Traum« schon etymologisch der »Trug«. Aber der Schlachtruf der Fantasie lautet: »Träume nicht dein Leben, lebe deinen Traum!« und macht klar, dass es möglich ist, Träume Wirklichkeit werden zu lassen – wenn wir sie aktiv in die Hand nehmen.

Doch der Traum übersteigt unsere Wirklichkeit nicht nur im positiven Sinne – er ist auch Hort unserer größten Ängste. »Es war ein Alptraum« – so wird oft ein katastrophales Erlebnis beschrieben, in dem uns das Gefühl von Ohnmacht und Entsetzen beherrschte. Der Alp oder Nachtmahr ist im Volksglauben ein böser Geist, der uns des Nachts heimsucht und uns den Alpdruck beschert, indem er sich auf die Brust des Schlafenden setzt und ihm die Luft abschnürt. Der Alptraum ist eine fortwährende Bedrohung – er verdeutlicht am stärksten, wie sehr wir unseren Träumen ausgeliefert sind.

Träume lassen sich nicht einfordern

Träume sind die Spiegel unserer Erwartungen und unserer Ideale. Sie zeigen uns, was wir uns vom Leben wünschen – und wovor wir uns am meisten fürchten. Insofern sind Träume uns nahe und vertraut. Allen Träumen gemeinsam ist aber gleichzeitig die Ohnmacht, die wir ihnen gegenüber erleben. Wir können Träume nicht steuern, wir müssen uns ihnen hingeben. Dies macht sie zu etwas Befremdlichem, Fremdem. Dennoch scheint ein aktiver Umgang mit Träumen möglich zu sein, und sie besitzen visionäre Kraft, denn nicht selten steht am Anfang einer besseren Zukunft ein Traum, wie Martin Luther Kings »I have a dream« zeigt.

Der Traum ist also etwas, das uns gegeben wird. Wir können ihn nicht einfordern (auch wenn so manche »Traumtechnik« dies suggerieren möchte). Wenn er zu uns kommt, dann löst er etwas in uns aus: Er bringt uns in Kontakt mit unseren Ängsten, aber auch mit unseren Inspirationen und Fantasien. Im Traum erfahren wir uns selbst als Wesen, deren Möglichkeiten nicht erschöpft sind. Wir sind kreativ, und im Traum erfinden wir uns selbst – jede Nacht aufs Neue. Die Traumwelt ist das Land der Möglichkeiten, und eine Reise in die innere Landschaft der Seele kann uns bereichern und neue Perspektiven unseres Lebens zeigen.

Die Traumwelt

Bin ich wach, oder träum ich? Während wir im Alltag in der Regel klar bestimmen können, was ein Traum war und was nicht (auch wenn die Grenzen manchmal fließend sind), sind wir im Traum nur selten in der Lage zu erkennen, dass wir träumen, geschweige denn uns an unseren Alltag zu erinnern. Die Traumwelt folgt ihren eigenen Gesetzmäßigkeiten, und es gibt typische Merkmale, die sie deutlich von der Alltagswelt unterscheiden. Dies sind die fünf wichtigsten Kriterien der Traumwirklichkeit:

- In Träumen haben wir ein eigenes Ich.
- In Träumen fehlen oft die Zusammenhänge.
- In Träumen kann sich alles verändern.
- In Träumen ist häufig alles unscharf.
- In Träumen ist alles bildhaft.

In Träumen haben wir ein eigenes Ich

Auch im Traum haben wir das Gefühl, eine komplette Person mit Körper, Geist und Seele zu sein. Im Unterschied zum Alltags-Ich des Wachzustands können wir es unser »Traum-Ich« nennen. Und wie unser Alltags-Ich bewegt sich das Traum-Ich durch eine vollständige Welt mit Dingen, von denen es sich angezogen fühlt, und mit Dingen, von denen es sich abgestoßen fühlt. Alles, was diesem Traum-Ich widerfährt, erleben wir als ebenso real wie das, was unserem Alltags-Ich begegnet. Traum-Ich und Alltags-Ich sind im Grunde zwei Facetten ein und desselben Menschen: Keins von beiden ist mehr oder weniger wichtig für unser Leben als das andere – wir brauchen beide, um uns vollständig zu fühlen.

Manchmal träumen wir aus der Ich-Perspektive, das heißt, wir befinden uns in unserem Traum-Ich-Körper und schauen durch die Augen unseres Traum-Ichs auf die Welt – ganz wie im Wachbewusstsein. Wir können diese Perspektive die assoziierte Wahrnehmung nennen, weil wir mit unserem Bewusstsein ganz in die Rolle des Traum-Ichs geschlüpft sind. In anderen Fällen scheinen wir unser Traum-Ich von außen, oft ein wenig von oben, zu beobachten, als ob wir daneben oder darüber schwebten, und wir betrachten das Geschehen wie einen Film. Diese Wahrnehmung nennen wir dissoziiert, weil wir uns als vom Traum-Ich getrennt wahrnehmen.

Assoziierte Träume werden intensiver erlebt und können besonders bewegend, aber auch beklemmend sein, dissoziierte Träume gleichen eher spannenden Geschichten. Während eines Traums können sich diese Perspektiven auch mehrmals abwechseln, und manche Menschen neigen grundsätzlich eher zu der einen oder anderen Wahrnehmung. Wie das bei Ihnen ist, können Sie leicht prüfen, indem Sie sich jetzt gleich daran erinnern, was Sie heute Morgen getan haben. Welches Bild taucht vor Ihrem geistigen Auge auf? Wenn Sie Ihr Morgen-Ich jetzt von außen sehen, dann neigen Sie zur dissoziierten Wahrnehmung. Wenn Sie jedoch bei der Erinnerung alles so gesehen haben, wie es auch gerade jetzt der Fall ist – also durch die Augen Ihres Morgen-Ichs geschaut haben –, dann sind Sie wahrscheinlich ein Mensch, der eher assoziiert wahrnimmt.

In unserem Diebstahl-Traum am Anfang des Kapitels ist das Traum-Ich mit sich selbst assoziiert und erlebt eine Episode, die sich zunächst kaum von einer ganz alltäglichen Begebenheit unterscheidet. Das Traum-Ich bewegt sich wie selbstverständlich in einem Kaufhaus, in dem es wie in der Realität eine Schmuckabteilung gibt, es läuft sogar eine Rolltreppe hinunter und später einen Weg entlang. Die Handlungen im Traum wirken »echt«, und auch die Empfindungen des Traum-Ichs sind authentisch.

In Träumen fehlen oft die Zusammenhänge

Im Traum geschieht es häufig, dass Dinge, Personen und Ereignisse nicht wirklich zusammenpassen. Ich »weiß« z. B., dass die

Person, die mir im Traum begegnet, mein Vater ist, aber weder das Gesicht noch die Stimme noch die Kleidung stimmen mit dem überein, was ich kenne. Auch Orte weisen oft diese fehlenden Zusammenhänge auf: Ich »weiß«, dass ich zu Hause bin, aber der Ort sieht gar nicht aus wie meine Wohnung oder mein Haus.

In unserem Diebstahl-Traum gesellt sich auf einmal eine mysteriöse Joggerin zum Traum-Ich, die ohne erkennbaren Anlass ein Wortspiel beginnt. Auch die beiden Wörter »Friedhof« und »Natur« geben Rätsel auf: Wieso werden ausgerechnet diese vom Traum-Ich und seiner Begleiterin ausgewählt?

In Träumen kann sich alles verändern

Typischerweise bleibt im Traum nichts, wie es ist. Die Szenerien und Orte können sich ohne Vorwarnung ändern: Eben bin ich noch zu Hause, dann befinde ich mich plötzlich in meiner Heimatstadt, die ich schon lange nicht mehr besucht habe, oder auf irgendeinem Bahnhof. Gegenstände können sich verwandeln, z. B. in Tiere, oder Menschen werden zu anderen Personen, z. B. wird mein Vater zu einem früheren Lehrer. Zeit und Raum sind keine festen Größen.

In unserem Diebstahl-Traum wechselt die Szenerie abrupt, als das Traum-Ich um die Ecke des Kaufhauses läuft und einen Weg vorfindet, der von einer Mauer gesäumt wird.

In Träumen ist häufig alles unscharf

Klare Bilder sind im Traum eher selten. Es dominieren unscharfe, verschwommene Bilder, die sich kaum fixieren lassen. Personen, Gegenstände und Tiere werden wie durch einen Schleier wahrgenommen. Ich kann nichts richtig erkennen und verstehe vieles nicht. Ich kann mir im Traum meiner Wahrnehmungen nicht sicher sein.

Auch in unserem Diebstahl-Traum werden die Personen nur sehr allgemein beschrieben, Details spielen keine Rolle. Die Frau, die neben dem Traum-Ich herläuft, wird als Person beschrieben, deren Kleidung nicht klar definiert werden kann – mal ist es ein Jogginganzug, dann wieder ein ganz gewöhnliches Kleid.

In Träumen ist alles bildhaft

Die Traumwelt ist eine Bilderwelt. Bei den meisten Menschen dominieren die visuellen Eindrücke, Riechen, Hören und Schmecken sind zweitrangig. Die Traumbilder sind zumeist Symbole und Metaphern für Gedanken und Gefühle, Vergangenes und Gegenwärtiges. Sie geben uns oft Rätsel auf, sind bizarr und tauchen so plötzlich auf, wie sie wieder verschwinden. Doch gerade diese Bilder sind es, die das Interesse der Menschen fesseln und die Kunst der Traumdeutung hervorgerufen hat. Heute gehen wir davon aus, dass die Traumbilder ein Spiegel unserer seelischen Zustände sind – auch solcher, die uns nicht bewusst sind. Diese Bilder sind Metaphern und damit Schlüssel zu unserer inneren Welt. Durch ihre Deutung gelangen wir zu einem tieferen Verständnis von uns selbst und von der Rolle, die wir in der Welt einnehmen.

In unserem Diebstahl-Traum markieren visuelle Eindrücke die unterschiedlichen Stationen der Episode – wie in den verschiedenen Akten eines Schauspiels. Da ist zunächst der Hintergrund der Schmuckabteilung im Kaufhaus, danach die Rolltreppe, später der Weg mit der Mauer. Symbolische Bilder tauchen ebenfalls auf, allen voran die Ringe, die wie ein roter Faden des Traums sind. Auch der Weg selbst und natürlich die ausdrücklich erwähnte Mauer am Wegesrand ziehen die Aufmerksamkeit auf sich.

Träume mit alltäglichem Szenario sind oft intensiver

Natürlich unterscheiden sich Träume entlang dieser fünf Kriterien der Traumwirklichkeit erheblich: In unserem Beispiel vom Diebstahl-Traum ist die Szenerie fast normal und könnte – bis auf den spontanen Szenenwechsel – auch im Alltag so gesehen werden. Es gibt selbstverständlich auch Träume, die weitaus kreativer mit Zeit und Raum umgehen. Doch wie eingangs schon erwähnt: Den Grad der schöpferischen Einfälle unseres Traumbewusstseins können wir schwerlich im Vorfeld bestimmen. Mal erleben wir absurde Fantasiegeschichten, die sich kein noch so genialer Schriftsteller hätte ausdenken können, dann wieder wirken die Geschehnisse fast banal und wie aus dem »wirklichen Leben« gegriffen. Darauf haben wir im Grunde keinen Einfluss.

Sicher ist nur, dass die Intensität und die Tragweite eines Traums nicht vom Szenario abhängen. Gerade ein Traumgeschehen, das in einer fast alltäglichen Umgebung angesiedelt ist, kann besonders nachhaltigen Eindruck auf uns ausüben. Märchenhafte Begegnungen fernab jeglicher alltäglicher Erfahrung werden hingegen schneller als traumhaft abgetan und vergessen. Der Grund liegt auf der Hand: Wenn uns etwas Merkwürdiges in einem Kontext widerfährt, der uns eigentlich vertraut ist, erregt dies eher unsere Aufmerksamkeit als eine komplett von Anfang bis Ende fantastische Erzählung, aus der wir auftauchen wie nach der Lektüre eines spannenden Buches.

Beobachten Sie selbst einmal, welche Träume Sie nachhaltiger beschäftigen. Gerade die Träume, die sich deutlich auf unseren Alltag beziehen und dem Wachbewusstsein realistisch erscheinen, offenbaren an den Stellen, an denen sie einen spürbaren Unterschied zum gewöhnlichen Erleben haben, einen guten Einstieg in die Deutung. Im Vergleich dazu können Träume, die nur so strotzen von bizarren Bildern und merkwürdigen Fantasien, uns schon aufgrund ihrer Fülle überfordern, weil wir uns oftmals nicht entscheiden können, welches Bild wir als Ausgangspunkt für eine Deutung nehmen wollen.

Eine kleine Kulturgeschichte des Träumens

Seit Urzeiten sind Menschen von der Bilderwelt der Träume fasziniert, und ebenso lange versuchen sie, den Sinn dahinter zu entdecken. In den frühesten Zeiten herrschte überwiegend die Ansicht, Träume seien so etwas wie Botschaften höherer Mächte – der Götter, der Engel oder anderer Kräfte, welche die Welt zusammenhalten. Lange Zeit ging man also davon aus, dass der Traum von außerhalb des Menschen zu ihm komme. Erst in der Moderne festigte sich die Einsicht, dass der Traum im Menschen entsteht und ein Produkt seiner Psyche ist, genauer gesagt: dass der Traum aus den Tiefen der Psyche an die Oberfläche steigt. Aus den Botschaften der Götter, die »von oben« über den Traum in das Leben des Menschen eingriffen, wurden Nachrichten der Psyche an den Träumer, die »von unten« aufsteigen, um unser Bewusstsein zu erreichen.

Das älteste Orakel der Menschheit

Im ersten Jahrhundert nach Christus bezeichnete Plutarch den Traum als das älteste Orakel der Menschheit: Er meinte, die Götter benutzten den Schlaf als Mittel ihrer Offenbarungen und schickten uns ihre Botschaften als Träume. Doch schon wesentlich früher in der Menschheitsgeschichte wird das Deuten von Träumen mit der Erforschung von Schicksal und Zukunft in Verbindung gebracht.

Systematische Traumdeutung im alten Ägypten

Als erstes vollständig erhaltenes Werk zur Traumdeutung gilt ein Traumbuch der Assyrer, auf Tontafeln in Keilschrift niedergelegt. Im alten Ägypten wurden die ersten systematischen Abhandlungen über das Träumen verfasst, Träume wurden als Omen der Götter betrachtet. Dabei war die ägyptische Deutung stark vom einfachen Denken in Gegensätzen geprägt: Schöne Träume verheißen Gutes, schlechte Träume Böses. Doch manche Deutungen wirken auf uns einfach nur abstrus: So soll eine Frau, die ihren Mann im Traum küsst, in Schwierigkeiten geraten, oder eine Frau, die im Traum eine Katze gebärt, soll viele Kinder bekommen. Die Traumdeuter, die hohes Ansehen genossen, fand man in den Tempeln, und dort legte man sich auch nieder, in der Hoffnung, einen besonderen Traum von der entsprechenden Gottheit zu empfangen. Das erinnert ein wenig an die Technik der »Trauminkubation« (siehe S. 161 ff.).

Antike: Träume als Quelle der Wahrheit

In der griechischen Antike hofften Kranke auf Heilung, indem sie sich zum Tempelschlaf im Heiligtum des Heilergottes Asklepios niederlegten. Sie baten um göttliche Hilfe und Rat in ihren Träumen. Der Gott verordnete Arzneimittel, Heilkuren, und er soll sogar ganze Operationen im Traume durchgeführt haben. Auf Traumtafeln und in Traumbüchern konnte man die Symbole des nächtlichen Ausflugs in die Traumwelt nachschlagen und erhielt somit eine klare Antwort. Berühmt wurde das fünfbändige Werk des Traumdeuters Artemidoros von Daldis aus dem zweiten Jahrhundert nach Christus, in welchem etwa 1400 Traumphänomene nach Kategorien aufgeführt werden: Geburt und Tod, Körperteile, Kleidung, Essen und Trinken etc.

Auch im alten Rom galten Träume als Quelle der Wahrheit. So hatte jeder Bürger die Pflicht, dem Senat solche Träume zu berichten, die auf irgendeine Art und Weise mit dem Schicksal des Staates zusammenhängen könnten. Später setzten römische Kaiser auf sogenannte Traumberater, deren Aufgabe jedoch darin bestand, die Bürger beim Erzählen ihrer Träume zu bespitzeln und die Träume dann dem Kaiser zu berichten. Gegen unheilverkündende Träume hatte man so allerlei Gegenmaßnahmen: So glaubte man, dass man sie entweder erst beim ersten Licht der aufgehenden Sonne erzählen dürfe oder man sich von ihnen durch ein Reinigungsritual befreien könne. Wenn das alles nichts half, ging man eben in den Tempel und opferte den Göttern.

Traumdeutung in der arabischen Kultur

In der arabischen Kultur verließ man sich ebenfalls auf das geheime Wissen der Träume. Als bedeutendster Traumdeuter des Orients gilt Ibn Sirin, der im achten Jahrhundert nach Christus lebte und ein Traumbuch hinterließ. Selbst Mohammed verstand sich auf die Traumdeutung, und jeden Morgen nach dem Gebet fragte er seine Weggenossen nach ihren Träumen, die er dann auslegte. Da Mohammed seine Offenbarung am Tage erhielt, gelten Träume, die man am Tage hat, als »wahre Träume«.

Antike Skeptiker

Es soll nicht verschwiegen werden, dass auch schon die Antike ihre Skeptiker hatte, allen voran der große Philosoph und Naturforscher Aristoteles. Er bestritt die göttliche Herkunft der Träume und entwickelte ein Modell des Träumens, das ganz ähnlich wie das von Freud auf der Verdrängung von Impulsen beruht, die tagsüber keine Chance haben, sich aber in der Nacht entfalten. Auch die Epikureer waren der Traumdeutung gegenüber sehr abgeneigt, denn in ihrem vom Zufall regierten Universum hatten die Götter gar kein Interesse an uns Menschen, warum also sollten sie sich mit uns in Verbindung setzen? Für sie waren Träume nichts anderes als die Reste des Tages, nächtlicher Ballast also – das waren die Vorläufer der naturwissenschaftlichen Theorien.

Am Anfang war der Traum

In anderen Teilen der Welt entwickelten sich je nach spiritueller Ausrichtung ganz andere, eigenständige Traumkulturen.

Die Traumzeit der Aborigines

Am bekanntesten und zugleich am wenigsten verstanden ist sicherlich die »Traumzeit« der Aborigenes, der Ureinwohner Australiens. Mit dem Begriff ist die Urzeit der Schöpfung gemeint, jene Zeit, in welcher die Urkräfte die Welt erschaffen, indem sie vom Himmel geträumt und auf die Erde geschickt werden. Alles Leben, so kann man sagen, ist aus dem Traum hervorgegangen – und hat noch heute Teil an ihm. Der Traum ist Ursprung aller Dinge, und zwar immer noch. Traumzeit ist demnach nicht gleichzusetzen mit einer grauen Vorzeit, es ist auch keine parallele Zeit oder gar eine künftige – Traumzeit ist Zeit ohne Zeit. Sie ist immer. Jeder kann sich mit ihr verbinden – der Künstler, der Schamane, der Dichter. Jedes Kind entsteht aus einem Keim in der Traumzeit, und noch vor der physischen Geburt träumen die Eltern ihre Kinder. Im Traum stellen die Australier eine Verbindung zur Traumzeit her, und damit zu jenem Zustand fortwährender Schöpfung.

Irokesen – der Traum als höchste Instanz

Auch die Indianer Nordamerikas blicken auf eine alte Kultur des Träumens zurück. Die Irokesen beispielsweise sahen in den Träumen die mächtigste Quelle des Lebens. Daraus schöpften sie ihr Wissen um Zeremonien und Rituale, über die körperliche und seelische Gesundheit des Einzelnen, aber auch über politische Entscheidungen für alle. Die Beschäftigung mit Träumen war ein wichtiger Bestandteil des Lebens der Irokesen, denn der Traum war die höchste Instanz. Ohne zu zögern, führten sie Befehle aus, die sie im Traume erhalten hatten. Regelmäßig wurden große Traumzeremonien abgehalten, an der die ganze Gemeinschaft teilnahm. Auch der spielerische Umgang mit den Träumen wurde intensiv gepflegt: Einer formulierte seinen Traum als Rätsel und ließ andere raten, es wurden Masken nach den Traumbildern erstellt, und Träume wurden nachgespielt.

Das Traum-Yoga der Tibeter

In Tibet entwickelte sich über zehn Jahrhunderte hinweg das »Traum-Yoga«. Diese höchst ausgefeilte Kunst ist eng mit dem Klarträumen verwandt, also der Fähigkeit, im Traum zu erkennen, dass man träumt, und dann den Traum zu formen. Durch viel Disziplin und Training ist es möglich, den Traumkörper vom physischen Körper zu trennen und mit ihm herumzuwandern. Buddha selbst (563–483 v. Chr.) benutzte oft den Traum als Beispiel dafür, dass alles Illusion sei. Ziel seiner Lehre ist die Lösung aus dem Zustand, in dieser Illusion gefangen zu sein. Die tibetischen Buddhisten betrachten diese besondere Form der Traumarbeit als einen möglichen Weg hin zu dieser Lösung, denn sie zeigt, dass wir die Traumwelt mit unserem Geist beherrschen und beeinflussen können. Dies verhilft uns zur Erkenntnis, dass auch die Wirklichkeit des Wachbewusstseins nichts anderes ist als ein Traum, den wir nach unserem Willen gestalten – und aus dem wir aufwachen können …

Der Königsweg zum Unbewussten

Lange Zeit galten Träume als Botschaften höherer Mächte. Doch Ende des 19. Jahrhunderts geschah etwas, das unseren Zugang zum Traum entscheidend verändert und bis heute nachhaltig geprägt hat: Sigmund Freud, der Begründer der Psychoanalyse, veröffentlichte das Jahrhundertwerk »Die Traumdeutung« und bahnte damit den Weg für ein neues Verständnis des Traums als Sprache der Seele. In seiner Nachfolge stehen viele andere Psychologen, die Freuds Theorien um den Traum und seine psychische Funktion erweiterten und veränderten. Das sind C. G. Jung, der mit der Lehre von den Archetypen einen ganz eigenen Zugang zum Traum schuf, Erich Fromm, Fritz Perls und andere.

Sigmund Freud – der Traum als Wunscherfüllung

Sigmund Freud (1856–1939) glaubte, im Traum einen Mechanismus entdeckt zu haben, welcher all die Dinge aus den Tiefen des Unterbewussten hervorholt, die wir im Alltag tunlichst unterdrücken – in erster Linie unsere sexuellen und aggressiven Bedürfnisse. Während es uns tagsüber gelingt, diese Triebe in Schach zu halten, könnten sie des Nachts, wenn das Bewusstsein ruht, ungehindert an die Oberfläche dringen und sich in Form von Bildern Ausdruck und Gehör verschaffen. Im Traum also können wir unsere unterdrückten Wünsche erfüllen, ohne an Ansehen zu verlieren und ohne Schaden zu nehmen. Der Traum verbirgt diese Wünsche jedoch hinter Symbolen und Metaphern, damit sie uns auch im Schlaf nicht beunruhigen, und diese Symbole wiederum weisen nur selten auf das hin, was sie darstellen. Freud nannte das die »Traumzensur«, eine Zensur also, die auch im Schlaf noch wirksam ist.

In der Psychoanalyse nach Freud besitzt der Traum zwei Grundfunktionen: Er ist der Hüter des Schlafes, und er ist der Versuch, verborgene Wünsche zu erfüllen. Diese beiden Funktionen müssen sich ununterbrochen aufeinander abstimmen, denn was ist, wenn die Erfüllung eines Wunsches so sehr mit Schuldgefühlen, Angst oder Scham besetzt ist, dass der Schlaf dadurch gestört wird? Daher kleidet der Traum diese Wunscherfüllung in Bilder, die mit der Realität scheinbar nichts zu tun haben, die aber in aller Regel für einen ungestörten Schlaf sorgen.

Nur mit Hilfe der Psychoanalyse könne man den wahren Kern eines Traums enthüllen. Dabei nahm Freud an, dass viele der irrationalen Wünsche, die wir uns im Traum erfüllen, in unserer Kindheit wurzeln. Um diese Wurzeln zu entdecken, wandte er die Methode des Freien Assoziierens an. Dabei wird der Patient aufgefordert, alles auszusprechen, was ihm zu einem bestimmten Traumbild einfällt, und ganze Ketten von Assoziationen zu bilden. Am Ende, so Freud, würde dann der eigentliche Inhalt zu Bewusstsein kommen.

Freud hat den Traum zum Gegenstand der Forschung erhoben, dies war sein großes Verdienst – und er hat gezeigt, dass der Traum keinesfalls barer Unsinn ist.

C. G. Jung – der Traum als Kompensation

C. G. Jung (1875–1961) war einer der ersten Schüler Freuds, doch gerade wegen Freuds Auffassung über die Traumdeutung kam es zum Bruch zwischen beiden. Jung entwickelte einen eigenen Ansatz. Auch er glaubte, dass Träume wichtige Botschaften an uns richten, aber er weigerte sich, Freuds Grundsatz anzunehmen, Träume würden die Wahrheit verschleiern. Denn wenn Träume Ausdruck des Unbewussten seien, müssten sie der Wahrheit sehr viel näher liegen als alles, was das Wachbewusstsein hervorbringen kann. Jung glaubte, dass das Unbewusste eine Quelle der Weisheit ist, die nicht verhüllt, sondern enthüllt. Auch würden sich Träume nicht nur auf die Vergangenheit des Träumers beziehen, sondern sie würden genauso seine Befürchtungen und Hoffnungen, die auf die Zukunft gerichtet sind, widerspiegeln. Das Unbewusste, so Jung, sei immer größer und weiser als das Ich-Bewusstsein, und deshalb stellt es sich häufig gegen die bewussten Bestrebungen – es kompensiert sie. Damit meint er, dass das Unbewusste uns im Traum Informationen zukommen lässt, die notwendige Ergänzungen und Veränderungen unserer Absichten anzeigen. Der Traum will uns also dabei helfen, unseren Standpunkt im Leben zu erweitern und auszugleichen.

Zugleich erkannte Jung auch, dass es oft nicht ausreicht, einen Traum zu deuten. Vielmehr sei es notwendig, ganze Traumserien nach einem Plan und einem gemeinsamen Nenner zu untersuchen, welcher die Persönlichkeitsentwicklung eines Menschen entscheidend spiegeln kann. Ein weiterer wichtiger Teil der Jung'schen Traumtheorie ist die Einführung der Archetypen. Jung ging davon aus, dass Traumsymbole nicht ausschließlich individuell sein können, sondern sich auf kultur- und zeitübergreifende, universelle Motive beziehen, die im kollektiven Unbewussten aller Menschen gespeichert sind und von allen Menschen jederzeit abgerufen werden können. Diese Archetypen finden sich auch in Märchen und Mythen aller Völker.

Was soll der Traum?

Es ist immer die gleiche Prozedur: Abends legen wir uns schlafen und am nächsten Morgen erwachen wir mit mehr oder weniger bunten Bildern im Kopf, den Träumen. Was passiert im Körper und im Gehirn, während wir träumen? Wie hängt das, was wir träumen, mit dem Wachbewusstsein zusammen? Welche Funktion haben unsere Träume? Wenn wir auf diese Fragen eine Antwort bekommen wollen, müssen wir uns an die Neurophysiologie und die psychologische Traumforschung wenden: Beide Disziplinen versuchen, sich dem Geheimnis des Traums von der äußeren Seite zu nähern, also auf dem Boden der Tatsachen.

Wenn der Körper schläft, träumt der Mensch

Der Traum ist eine Erinnerung an etwas, das wir im Schlaf erlebt, gedacht und gesehen haben. Er ist in erster Linie eine Funktion des Schlafes – und wenn wir seine physiologische Seite besser verstehen wollen, müssen wir uns mit der Physiologie des Schlafes allgemein beschäftigen.

Der Schlaf kommt in Stufen

Die Hirnstromaktivität unseres Gehirns »schwingt« nicht gleichmäßig, sondern verändert sich je nach Bewusstseinszustand, in dem wir uns gerade befinden. Dies kann mit Hilfe eines Elektroenzephalogramms (EEG) gemessen werden: Es bilden sich typische Wellenmuster. Die Grafik auf Seite 48 stellt das typische Schlafprofil – ein »Hypnogramm« – eines gesunden jungen Erwachsenen dar:

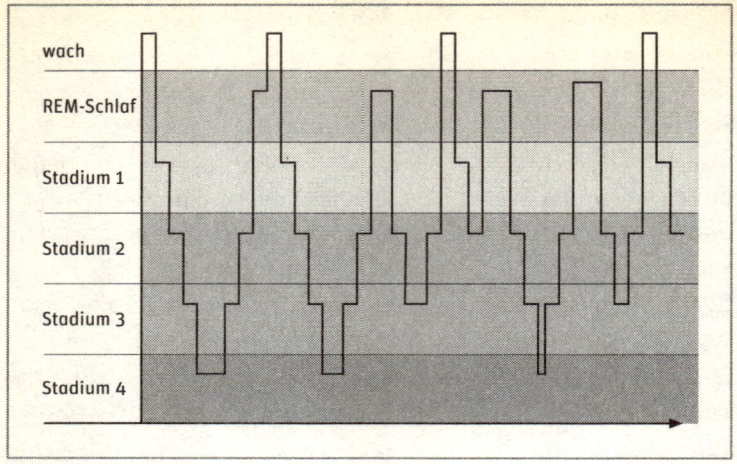

wach	
REM-Schlaf	
Stadium 1	
Stadium 2	
Stadium 3	
Stadium 4	

Beta-Wellen und Alpha-Wellen: Wir sind wach

Im Wachzustand sind die Gehirnwellen schnell und unruhig, je nachdem, was gerade unsere Aufmerksamkeit fesselt. Diese Wellen werden Beta-Wellen genannt und sind ein Zeichen dafür, dass unser Bewusstsein nach außen gerichtet ist. Wenn wir die Augen schließen, wenn wir uns beruhigen und unser Bewusstsein nach innen kehren, beginnt sich die Gestalt der Wellen nach kurzer Zeit zu verändern: Die Aktivität der Wellen nimmt merklich ab – wir treten in den entspannten Alpha-Zustand mit seinen sehr gleichförmigen Alpha-Wellen ein.

Theta-Wellen: Wir schlafen ein

Noch sind wir wach – doch bald versuchen andere Wellen, den Alpha-Zustand zu überlagern: die noch langsameren Theta-Wellen. Dieses Übergangsstadium (Stadium 1), in dem Alpha- und Theta-Wellen um die Vorherrschaft im Gehirn ringen, erleben wir als Halbschlaf oder als »Dösen«. Es kann mehrere

Minuten andauern. Jetzt erschlaffen die Muskeln: Im Sitzen können wir unseren Kopf nicht mehr aufrecht halten – wir »nicken« sprichwörtlich ein. Nicht selten schrickt man aus diesem Schlafstadium kurz hoch, ohne für sich sagen zu können, ob man schon geschlafen hat oder nicht. Nach diesem Übergang sinken wir in das Stadium 2 – den leichten Schlaf. Dieser ist gekennzeichnet durch eine fortgesetzte Aktivität der dominanten Theta-Wellen.

Delta-Wellen: Wir schlafen tief

Dennoch wird dieser Schlaf immer noch als ein eher flacher Schlaf erlebt im Gegensatz zu dem, was den Schläfer nach weiteren zehn bis fünfzehn Minuten erwartet: das Stadium 3 mit dem Auftauchen der Delta-Wellen. Diese Wellen sind sehr langsam und weisen eine höhere Spannung auf als die Theta-Wellen. Ihr Erscheinen kündigt den Tiefschlaf an, der wenige Minuten später mit dem Eintritt in das Stadium 4 beginnt. Die Schlafstadien 3 und 4 werden zusammen als Tiefschlaf bezeichnet. Die Augen sind ganz ruhig, die Muskeln sind schlaff und entspannt, der Blutdruck fällt, Atmung und Herzschlag werden deutlich langsamer. Alle Körperfunktionen laufen auf »Sparflamme« und regenerieren: Jetzt erholt sich unser Körper. Aus diesem Stadium des Schlafes geweckt zu werden, bedarf schon eines höheren Reizes.

REM-Phase: Wir träumen

Etwa 70 bis 90 Minuten nach dem Einschlafen verändert sich die Hirnstromaktivität erneut – und diesmal kündigt sie an, dass der Schlafende seinen Weg in das Reich der Träume gefunden hat. Der Schlafende taucht Schritt für Schritt aus dem Tiefschlaf auf, und ein Blick auf das EEG zeigt, dass die Hirnwellen ein ähnliches Muster aufweisen wie im Halbschlaf, dem Schlafstadium 1 – doch jetzt werden sie begleitet von schnellen Augenbewegungen, die diesem Schlafstadium ihren Namen gegeben haben: REM für rapid eye movements. Der REM-Schlaf ist paradox: Obwohl er seiner Gestalt nach dem flachen Schlaf ähnelt, ist er in der Regel tief, und die Muskelspannung im ganzen Körper ist blockiert – wir können uns nicht bewegen. Zugleich ähneln die Augenbewegungen auffallend denen während des Wachzustandes: Wir schlafen tief und fest – und sind doch wach!

Nach etwa fünf bis zehn Minuten ist der »Spuk« vorbei: Der Schläfer versinkt wieder in Tiefschlaf. Allerdings wiederholt sich dieser Zyklus vier- bis sechsmal in der Nacht – und das bedeutet, dass wir (mindestens) ebenso oft einen Traum haben! Im Verlauf des Schlafes verändert sich die Länge der Zyklen: Die REM-Phasen werden immer länger und können in späteren Zyklen bis zu 25 Minuten lang sein. Die Phasen des Tiefschlafs verkürzen sich hingegen. Insgesamt nimmt der Traumschlaf 20 bis 25 Prozent des gesamten Schlafes ein – bis zu einem Viertel des Schlafes verweilen wir also auf Reisen im Traumland.

REM und Non-REM: Wir träumen die ganze Nacht

Der REM-Schlaf wurde erst 1953 entdeckt, und das Erstaunen war umso größer, als man feststellte, dass ein sehr hoher Prozentsatz der Menschen, die in diesem Schlafstadium geweckt wurden, sich klar und deutlich an Träume erinnern und diese ausführlich erzählen konnten. Das Träumen ist also nicht ein physiologischer Zufall, sondern spielt sich in klar abgrenzbaren Schlafstadien ab – der Traum konnte zum Gegenstand wissenschaftlicher Forschung werden.

Seither haben Generationen von Forschern in Schlaflabors versucht, sich dem Geheimnis des Traums von seiner äußeren Seite zu nähern. Dabei kam man zu erstaunlichen Erkenntnissen. So stellt man fest, dass es einen Unterschied zwischen den Träumen der frühen und der späten REM-Phasen des Schlafes gibt: Je später in der Nacht, umso reicher an Bildern und Handlungen sind Träume. Tatsächlich sind die Traumberichte der frühen Morgenstunden besonders detailreich und gefühlsintensiv. Die ersten Träume dienen eher der Aufarbeitung der Gegenwart und des alltäglichen Geschehens, während Motive aus der Vergangenheit bis hin zur Kindheit häufiger in den Träumen der letzten Nachtstunden auftauchen. Es sind in der Regel die letzten Träume der Nacht, an die wir uns morgens spontan erinnern können.

Träumen wir nur in der REM-Phase des Schlafes? Lange Zeit ging man davon aus, und die Studien in den Schlaflabors legten diesen Schluss nahe. Inzwischen aber belegen neuere Studien, dass das Gehirn auch in den anderen Schlafstadien nicht wirklich zur Ruhe kommt und Träumen möglich ist. Allerdings bietet der REM-Schlaf mit seinen besonderen Aktivitäten offensichtlich die besten Voraussetzungen für intensives Träumen. Träume in Non-REM-Stadien des Schlafes weisen nicht die typische Handlungsstruktur eines »richtigen« Traums auf und sind auch nicht so reich an Gefühlen und Details. Vielmehr tauchen in diesen Phasen zumeist nur Fragmente von Gedanken und Ideen auf. REM-Träume ähneln hingegen der Wahrnehmung im Wachzustand, auch wenn ein Viertel der Träume Inhalte aufweisen, die wir im Wachzustand für unmöglich oder zumindest sehr seltsam erachten würden, wie das Fliegen, Verwandlungen, Zeitsprünge, Begegnung mit Verstorbenen etc.

Im Grunde genommen, träumen wir also während des ganzen Schlafes — selbst in der Einschlafphase beginnen wir schon traumähnliche Fantasien zu entwickeln, die durchaus eine ähnliche Intensität wie der REM-Traum entwickeln können. In einem nächsten Schritt könnte man sich fragen, ob das Phänomen Traum nicht auch fließend in den Wachzustand übergeht, wenn wir an jene Tagträume denken, die uns im einfachen Zustand der Entspannung begegnen, z. B. wenn wir mit geschlossenen Augen auf der Couch liegen und die Gedanken einfach fließen lassen. Die Bilder mancher Tagträume stehen denen eines Nachttraums in keiner Weise nach.

Nicht unerwähnt darf bleiben, dass sich der Schlafrhythmus im Verlauf des Lebens verändert: Während junge Menschen jede Nacht vier bis fünf der beschriebenen Zyklen durchleben, nimmt die Zahl der Zyklen bei älteren Menschen ab. Im Alter wird der Schlaf typischerweise immer häufiger durch Wachphasen unterbrochen, während die Tiefschlafphase immer seltener erreicht wird.

Warum es so schwer ist, sich an Träume zu erinnern

Wie bereits gesagt, ist der Traum immer eine Erinnerung an etwas, das wir im Schlaf erlebt, gesehen und gedacht haben. Es ist somit zu vermuten, dass selbst ein Traum, an den wir uns gut erinnern, nur einen kleinen Ausschnitt aus der gesamten Gehirnaktivität des Schlafes wiedergeben kann – ähnlich wie die Erinnerung im Wachbewusstsein nur einen bestimmten Teil der tatsächlichen Wahrnehmungen spiegelt. Träumen kann also beschrieben werden als die psychische Aktivität des Schlafes, an die man sich erinnern kann. Wenn man sich überhaupt an etwas erinnert – viele Menschen behaupten, dass sie nicht träumen, obwohl dies physiologisch gesehen nicht möglich ist. Das Träumen geschieht also von selbst, die Schwierigkeit besteht darin, sich daran zu erinnern. Warum aber ist dies manchmal so schwer?

Nach dem Erwachen verbleibt das Traumerlebnis zwar in einem leicht zugänglichen Teil unseres Gedächtnisses, aber nur für sehr kurze Zeit. Sobald wir unsere Aufmerksamkeit wieder auf unsere Umwelt richten, wird dieser Teil blockiert, und die Spuren des Traums werden verwischt. Das erklärt, warum viele Menschen nach dem Aufwachen zwar das Gefühl haben, etwas geträumt zu haben, sich aber an keine Einzelheiten mehr erinnern können. Werden wir plötzlich aus dem Schlaf gerissen, ist die Erinnerung an den Traum meist wesentlich lebhafter. Das allmähliche Auftauchen aus den Sphären des Schlafes hingegen begünstigt das Vergessen des Traums, weil die Aufmerksamkeit in andere Bahnen gelenkt werden kann.

Für die Erinnerung an einen Traum ist also der Zeitpunkt des Erwachens wichtig: Wenn wir aus einer REM-Phase erwachen, ist die Wahrscheinlichkeit, sich zu erinnern, am größten. In allen anderen Schlafstadien ist sie deutlich geringer. Auch Menschen mit einem sehr tiefen Schlaf neigen dazu, Träume zu vergessen. Es wird zudem vermutet, dass die Lebenseinstellung eines Menschen entscheidenden Einfluss auf das Traumerinnerungsvermögen hat. So sollen Menschen, die offen für innere Prozesse, leicht zu beeindrucken und kreativ sind, sich besser an Träume erinnern können als Menschen, die insgesamt eher sachlicher, nüchterner und distanzierter sind. Allgemein kann man sagen, dass Menschen, die eher dünnhäutig sind, häufiger und intensiver träumen als Menschen, die eher dickhäutig sind.

Trainieren Sie die Traumerinnerung!

Die Traumerinnerung – eine wesentliche Voraussetzung für Traumarbeit – kann jedoch beeinflusst und sogar trainiert werden. Der Schlüssel dazu ist der bewusste Wunsch, sich nach dem

Erwachen an seine Träume zu erinnern. Die meisten Menschen fangen an, sich an ihre Träume zu erinnern, nachdem sie beschlossen haben, mit Träumen zu arbeiten. Oft helfen bereits der Notizblock und der Bleistift neben dem Bett als Ausdruck dieser Bereitschaft, um das Erinnerungsvermögen zu erhöhen. Da jedoch die Erinnerung an einen Traum rapide abnimmt (»Halbwertzeit« nach dem Erwachen etwa zehn Minuten!), sollte man einen Traum unmittelbar nach dem Erwachen niederschreiben, wenn er also noch ganz »frisch« ist.

Auch scheint der Inhalt eines Traums die Erinnerungsfähigkeit zu beeinflussen: Je dramatischer, seltsamer und intensiver das nächtliche Erleben ist, umso leichter fällt es, sich dieses ins Gedächtnis zu rufen. Banale und wenig intensive Träume werden hingegen sehr schnell vergessen.

Vom Sinn und Unsinn des Träumens

Nun haben wir einen Eindruck davon bekommen, wie die Wissenschaft an das Phänomen Traum herangeht. Durch die Schlaf- und Traumforschung konnten viele Erkenntnisse gewonnen werden, aber es gibt immer noch viele ungeklärte Fragen. Eine davon lautet: Warum träumen wir? Welche Funktion hat der Traum im menschlichen Leben?

Bei der Suche nach einer Antwort auf diese Frage, nützt uns das Wissen, was während des Träumens im Körper geschieht, nicht viel. Vielmehr müssen wir uns von der rein physiologischen Betrachtung des Traums hin zur Psychologie des Traums wenden: Wir befinden uns gewissermaßen auf der Brücke zur inneren Seite des Traums, die sich mit der Bedeutung der Trauminhalte auseinandersetzt. Noch aber stehen wir auf der äußeren Seite, die sich mit den Tatsachen beschäftigt, und hier gibt es sehr unterschiedliche Erklärungsmodelle. Die wichtigsten wollen wir im Folgenden beleuchten.

Träumen als Schule des (Über-)Lebens

Grob gesagt, unterscheiden wir drei hauptsächliche Grundzustände des menschlichen Zentralnervensystems: das Wachsein, den Schlaf (Non-REM-Schlaf) und den Traum (REM-Schlaf). Während der Non-REM-Schlaf ohne Zweifel in der Hauptsache dazu dient, »die Batterien wieder aufzuladen«, also Körper und Geist zu regenerieren, ist es der Biologie trotz intensivster Forschung bislang noch nicht gelungen, die Funktion des Traumschlafes für den Selbsterhalt des Körpers zu ergründen. Einige Wissenschaftler begnügen sich daher mit der Auffassung, der Traum sei ein eher zufälliges Nebenprodukt des REM-Schlafes und habe ansonsten keine biologisch relevante Bedeutung. Andere Forscher setzen dieser Einschätzung die These entgegen, dass der Traum eine wichtige evolutionäre Funktion habe: Wenn der Traum etwas Natürliches ist, dann muss er einem Organismus beim Kampf ums Überleben nützlich sein. Im Traum könne ein Lebewesen nämlich Bedrohungssituationen simulieren und so im Schlaf die Wahrnehmung von Gefahren und ihre Vermeidung üben. In der Tat verfügen alle komplexeren Lebensformen, insbesondere die Säugetiere, über den REM-Schlaf und damit über die Fähigkeit zu träumen – mit Ausnahme der Reptilien. Es gilt: Je komplexer das Gehirn, umso komplexer ist auch der Schlaf eines Lebewesens – und umso länger dauert die REM-Phase im Verhältnis zur Gesamtschlafzeit. Offensichtlich handelt es sich beim Traumschlaf um eine relativ junge Funktion des Gehirns – er ist also mitnichten eine primitive Bewusstseinsfunktion, wie manche meinen!

Man konnte feststellen, dass die Fähigkeit, zu lernen und abstrakt zu denken, rapide sinkt, wenn man einem Organismus den Traumschlaf entzieht. Auch bemerkte man einen Zusammenhang zwischen der geistigen Aktivität eines Menschen und der Dauer des Traumschlafes: Dies erklärt, warum mit nachlassender Geisteskraft im Alter die REM-Schlaf-Phasen kürzer und seltener werden. Aber auch in den frühen, ja sogar in den vorgeburtlichen Phasen des menschlichen Lebens spielt der REM-Schlaf eine wichtige Rolle, denn offensichtlich dient der Traumschlaf dazu, die Nervenzellen zu vernetzen und damit psychische Prägungen zu ermöglichen. Das Kind im Mutterleib verbringt 80 Prozent im Traumschlaf, und in dieser Zeit werden grundlegende Muster des Bewusstseins geprägt. Das Neugeborene verbringt immerhin noch 50 Prozent seines Schlafes im REM-Schlaf, und man nimmt an, dass es in dieser Zeit genetisch bedingte und auch soziale Verhaltensmuster einübt und durchspielt.

Wellness fürs Gehirn

Der Traumschlaf hat neben seiner biologischen Funktion eine psychologische: Er beeinflusst die Entwicklung des Gehirns, ermöglicht Neuprägungen, vertieft Themen des Wachbewusstseins und ruft bereits Erlerntes wieder ins Gedächtnis. Diese Fähigkeit zur Prägung im Traum bekommen wir deutlich zu spüren, wenn z. B. positive Trauminhalte, die das Selbstwertgefühl stärken, als optimistische Grundstimmung bis ins Wachbewusstsein hinüberreichen, wenn auch nur kurzfristig – das gilt natürlich ebenso für angstbesetzte, negative Stimmungen.

Offensichtlich benötigen wir den Traumschlaf, um uns im Wachzustand ausgeglichen und fit zu fühlen. Experimente haben gezeigt, dass Menschen, denen man auf Dauer die REM-Phase entzieht, indem man sie regelmäßig aufweckt, sobald diese eintritt, schon nach zwei Tagen unter einer erheblichen psychischen Labilität litten: Sie wurden zunehmend nervös, depressiv, aggressiv und gereizt. Es kam zu spontanen Angstzuständen, Halluzinationen und Bewusstseinsausfällen, ganz zu schweigen von einem drastischen Einbruch der Konzentrationsfähigkeit. Dies zeigt, dass der Traumschlaf eine lebenswichtige, psychologische Funktion erfüllt.

Der Schlüssel zum Verständnis dieser Funktion könnte die Annahme sein, dass im Traum alle Umweltreize abgeschaltet sind und das Gehirn sich nur noch auf sich selbst konzentriert. Das Gehirn stimuliert sich in der REM-Phase gewissermaßen selbst, testet seine Schaltkreise und sorgt so dafür, dass es funktionstüchtig bleibt. Eine andere Theorie sieht im Traum eine Art »Offline«-Verarbeitung des Tagesgeschehens, was dazu dient, Erfahrungen noch tiefer im Gedächtnis zu verankern. Man konnte experimentell nachweisen, dass im Schlaf Informationen systematisch und komplex verarbeitet werden. Wie bereits erwähnt, wurde dabei beobachtet, dass die Träume der ersten REM-Phasen sich wesentlich stärker auf das Geschehen des vergangenen Tages beziehen und durchaus sinnvolle und zusammenhängende Themen behandeln. Erst die Träume der späteren REM-Phasen weisen die typischen bizarren Traumereignisse auf und sind emotional bei weitem intensiver.

Der Stoff, aus dem die Träume sind

Eng verknüpft mit der Frage, warum wir träumen, ist die Frage, wovon wir träumen: Woraus schöpft der Traum seine Bilder? Woher kommen die Inhalte des Traums? Woraus besteht der Stoff, aus dem unsere Träume sind?

Für die Herkunft der Traumbilder gab es im Laufe der Jahrhunderte verschiedene Erklärungen, wie weiter oben bereits ausgeführt wurde. In der Antike und auch noch im Mittelalter glaubte man, Träume kämen von »oben«, aus höheren Sphären, sie seien Botschaften der Götter, des Himmels oder Gottes. Später begann man den Traum als eine verfremdete Erinnerung an das Tagesgeschehen zu verstehen, also als Einfluss von außen. Seit Sigmund Freud und später C. G. Jung nimmt man schließlich an, das Unterbewusste und Unbewusste seien die Quelle des Traums: Träume kommen aus der Tiefe, von »unten«.

Die Quellen der Traumwelt

Nach dem Modell der Tiefenpsychologie speist ein Traum, der aus den Tiefen des Unbewussten auftaucht, seine Bilder aus bestimmten Quellen. Sie liefern das Material, aus dem die Traumwelt erbaut wird. Im Folgenden sind diese Quellen aufgeführt.

Reize aus der Umwelt des Schläfers

Es ist unumstritten, dass die aktuelle Schlafsituation das Traumgeschehen beeinflusst. Gerüche, Geräusche, Schlafposition, Berührungen, Temperaturschwankungen, Licht – all diese äußeren Einflüsse können sich in Traumbilder verwandeln. Sie werden zumeist »sinnvoll«, das heißt passend zum Traum, umgedeutet und in das Traumgeschehen übertragen. Äußere Reize können also ein Traumbild stimulieren, sie können es jedoch nicht bestimmen: In einem Traum mag das Klappern der Fensterläden zu einem Donnergrollen anschwellen, in einem anderen Traum wird es zu Schüssen aus Feuerwaffen, und ein weiterer Träumer assoziiert damit lediglich das Klacken von Schuhabsätzen auf dem Bürgersteig.

Signale aus dem Körper

Reize, die ihre Quelle im Körperinneren, z. B. in den Organen, haben, können sich ebenfalls in Traumbilder verwandeln. Gerade wenn wir krank sind und uns körperlich nicht wohl fühlen, kann dies die gesamte Traumszenerie beeinflussen, wie im Fiebertraum beispielsweise. Aber auch organische Eindrücke, die tagsüber unserer Aufmerksamkeit entgehen, weil wir völlig auf unsere Umwelt ausgerichtet sind, können sich im Traum in Bilder transformieren, z. B. unser Atem oder der Herzschlag.

Eindrücke des vergangenen Tages

Diese machen den Löwenanteil der Traumwirklichkeit aus. In den Bildern der Träume spiegelt sich häufig das, was wir am Tag zuvor erlebt und wie wir uns dabei gefühlt haben. Manchmal bleibt im Traum nur die Stimmung übrig: Vielleicht waren wir gestresst und standen unter Druck, oder wir hatten einen ausgeglichenen, harmonischen Tagesablauf – all dies wird sich im Traum niederschlagen. Auch ganz konkrete Ereignisse finden ihren Weg in die Traumwirklichkeit: ein Gespräch, eine Begegnung, eine Sequenz aus einem Film, eine eindrucksvolle Landschaft etc.

Die allgemeine Lebenssituation

Nicht nur die unmittelbare Gegenwart spielt eine wichtige Rolle in der Traumwirklichkeit, sondern auch die Lebensumstände, in die wir eingebunden sind. Vielleicht befinden wir uns gerade in einer Umbruchphase, beginnen einen neuen Lebensabschnitt, stehen vor wichtigen Fragen, Entscheidungen und Prüfungen. Vielleicht sind wir aber auch zufrieden damit, wie es in unserem Leben läuft, und wir fühlen uns im Einklang mit uns selbst. Alle diese übergeordneten Einflüsse werden die Stimmung und den Verlauf unserer Träume beeinflussen.

Erinnerungen aus der Kindheit

Gerade in den Träumen der letzten Schlafstunden werden immer mehr Bilder aus der Vergangenheit des Träumers auftauchen, insbesondere Erinnerungen aus der Kindheit. Wir begegnen Personen aus unserer Schulzeit, Lehrern und Mitschülern, unseren Eltern und Geschwistern, verstorbenen Verwandten und anderen Personen, die in unserer Entwicklung eine besondere Bedeutung hatten. Nicht selten finden wir uns an Orten unserer Kindheit und Jugend wieder, durchleben ähnliche Situationen wie früher, und alte Gefühle tauchen wieder auf.

Archetypen

Einige Psychologen nehmen noch eine weitere, noch tiefer liegende Quelle des Unterbewusstseins an, aus der sich der Traum auf der Suche nach Bildern bedienen kann: das kollektive Unbewusste. Insbesondere die Anhänger der Tiefenpsychologie nach C. G. Jung sind davon überzeugt, dass es eine Art Gedächtnis der Menschheit gibt, in dem universelle Bilder gespeichert sind, die allen Menschen zur Verfügung stehen. Daher können diese Bilder in den Träumen aller Menschen auftauchen, unabhängig von der kulturellen Prägung. Diese universellen Bilder werden Archetypen genannt.

Bestimmte Traumbilder scheinen also aus tieferen Quellen zu stammen als der aktuellen Situation und der persönlichen Erinnerung. Sie sind gewissermaßen genetisch bedingt und zeigen sich in den Märchen und Mythen vieler Völker – und eben auch in unseren Träumen. Es sind Symbole von universeller mythischer Kraft: der Berg, der Abgrund, der Weg, die Sonne, und vor allen Dingen Tiere und Gestalten: der Drache, der Löwe, der Alte, die Hexe, der König etc. Archetypen tauchen in unseren Träumen nie in ihrer Reinform auf, sondern werden von anderen Bildern aus unserer Erinnerung überlagert. Sie kleiden sich in die Bilder unseres persönlichen Gedächtnisses. Mit dem Auftauchen von Archetypen wird häufig eine besondere Gefühlsqualität des Traums verbunden. Sie besitzen eine starke Ausstrahlung und berühren uns sehr tief.

»Nächtlicher Hausputz« der Psyche

Träume bestehen also zu einem sehr großen Teil aus Inhalten und Eindrücken, die den Erlebnissen des vergangenen Tages entspringen. Man geht davon aus, dass die Psyche nun die Möglichkeit hat, das bewusst Erlebte zu ergänzen, und zwar durch das, was während des Tages auf der Strecke geblieben ist: Verdrängte und zur Seite geschobene Themen finden nun Raum in der Bilderwelt des Traums. Nach psychologischer Auffassung kann der Traum ein Ventil für Spannungen sein, die sich während des Tages aufgebaut haben und keine Gelegenheit zur Entladung gefunden haben. Der Traum wäre also so etwas wie ein »nächtlicher Hausputz« der Psyche, ein heilsames Bildergewitter, um die Psyche zu reinigen und zu entlasten.

Was aber die Inhalte dieses Reinigungsprozesses genau bedeuten, darüber ist man sich nicht so einig: Während die einen die Traumbilder für willkürliche Produkte unserer Fantasie halten, die keinerlei Sinn und Absicht folgen, glauben andere, dass die Inhalte des Traums uns etwas zu sagen haben – sie sind Botschaften des Unbewussten, auf die wir hören sollten. Träumen wir also, um aufzuarbeiten und schließlich zu vergessen? Oder haben Träume einen tieferen Sinn und dienen dazu, uns an Dinge zu erinnern? Sind Träume einfach nur bizarre und unsinnige Abfallprodukte unseres Gehirns? Oder sind sie Botschaften, die wir entschlüsseln sollten, weil sie wichtige Inhalte für uns bereithalten?

Wir befinden uns nun an der Grenze zwischen der äußeren und der inneren Seite des Traums: Wenn wir uns den neurophysiologischen Erkenntnissen der Forschung anschließen, werden wir den Inhalten der Träume keine besondere Aufmerksamkeit schenken – wir betrachten den Traum in seiner äußeren Funktion. Wenn wir uns jedoch für die Inhalte interessieren, ist es letztlich egal, aus welchen Quellen die Bilder aufsteigen, denn es geht nur darum, welche Bedeutung sie für uns besitzen. Dies ist die innere Seite des Traums.

Was will der Traum?

Dass wir träumen, scheint einer biologischen und psychologischen Notwendigkeit zu folgen. Der Traum ist ein Ergebnis der Evolution unseres Gehirns, sagt die Wissenschaft. Doch wozu wir das träumen, was wir träumen – dies kann uns die Wissenschaft nicht erklären.

Kehren wir daher der äußeren Seite des Traums den Rücken und begeben uns in die innere Welt des Traums. Wir möchten gerne wissen, was die Inhalte unserer Träume uns sagen wollen. Uns interessiert, wie wir unsere Träume nutzen und wie sie uns helfen können, unser Leben aus einer neuen Perspektive zu betrachten. Beginnen wir mit einigen grundlegenden Informationen, mit den Traumarten.

Traumarten

Träume sind nicht gleich Träume. Wie wir bereits gesehen haben, sind beispielsweise die Träume in der ersten Nachthälfte meist weniger spektakulär als die emotionaleren und intensiveren Träume in der zweiten Nachthälfte. Es gibt banale Träume, aufregende Träume … und es gibt Traumarten, die in ganz bestimmten Schlafphasen stattfinden.

Alpträume, Angstträume und Pavor nocturnus
Jeder Mensch hat im Laufe seines Lebens jene grauenvollen, mit Angst besetzten Träume, in denen Gewalt und Tod, Furcht und Schrecken, Trauer und lähmende Hilflosigkeit vorherrschen. Häufig werden diese Träume allgemein als Alpträume bezeich-

net. Dies ist jedoch nicht ganz richtig, auch wenn die Grenzen zwischen den verschiedenen Formen solcher Träume fließend sind. Der einfache Angsttraum ist dadurch gekennzeichnet, dass der Träumer in der Regel nicht aus dem Schlaf erwacht, sondern die Angst im Traum überwindet. Alpträume hingegen lassen uns aus dem Schlaf aufschrecken, sobald die Angst massiv und unerträglich geworden ist. Beide Traumarten sind stets sehr gefühlsbetont und treten in erster Linie in den REM-Phasen und damit eher in der zweiten Hälfte des Schlafes auf.

Kinder und junge Menschen sind besonders häufig von Alpträumen betroffen, aber auch bei Erwachsenen sind sie keine Seltenheit. Alpträume können nicht nur von starken Ängsten begleitet sein, sondern auch von Ärger und großer Traurigkeit und massiven Einsamkeitsgefühlen. Typische Motive eines Alptraums sind das Verfolgtwerden durch Unbekannte oder durch bedrohliche Fantasiewesen wie Monster, Hexen und Tiere, das Erleben von Gewalt und Tod und das Fallen ins Bodenlose.

Früher glaubte man, Alpträume würden durch Atemnot im Schlaf ausgelöst. Heute wissen wir, dass Stress, psychische Belastungen und auch bestimmte Medikamente Auslöser sein können, außerdem können sie in der Persönlichkeit des Menschen begründet sein (»dünnhäutig«). Auch verborgene Aggressionen und seelische Verletzungen können die Wurzel von Alpträumen sein. Manche gehen davon aus, dass diese Alptraumbilder uns so lange verfolgen, bis es uns gelingt, einen Ausgleich in der Alltagswelt herzustellen. Vielleicht haben Alpträume sogar so etwas wie einen Trainingscharakter – im Verfolgungstraum beispielsweise üben wir Handlungsbereitschaft und schnelle Reaktionen.

Von Angst- und Alpträumen muss der sogenannte Pavor nocturnus (»Nachtschreck«) unterschieden werden, der in der Tiefschlafphase des Non-REM-Schlafes auftritt und eher in der ersten Hälfte des Schlafes vorkommt. Der Träumende schreckt mit einem gellenden Schrei aus dem Schlaf auf, manchmal auch mit einem Keuchen und Wimmern, und sitzt dann mit Schweißausbrüchen, Atemnot, Herzjagen und immer noch großer Angst im Bett. Typisch ist, dass man selbst nach dem Erwachen immer noch vor Schreck wie gelähmt ist und das Traumerlebnis nicht mitteilen kann. Kleinere Kinder bis ins Einschulungsalter leiden besonders häufig unter dem Nachtschreck, und es kann fünf bis zehn Minuten dauern, bis sie sich beruhigt haben und wieder ansprechbar sind. Morgens ist die Erinnerung an die nächtliche Attacke zumeist verschwunden. Diese Anfälle gelten in der Regel als harmlos, wenn sie sich nicht häufen.

Im Gegensatz dazu ist man, wenn man aus einem Alptraum aufwacht, schnell gegenwärtig und findet seine Orientierung wieder. Auch das Wiedereinschlafen gelingt in der Regel ohne Probleme, und nach dem Aufwachen am Morgen ist die Erinnerung an das Traumgeschehen oft noch sehr lebhaft.

Einschlafträume, hypnagoge Halluzinationen

Unter hypnagogen (»einschläfernden«) Halluzinationen oder einfachen Einschlafträumen versteht man Traumbilder, die während der Einschlafphase (Stadium 1) auftauchen. Diese physiologischen (also nicht krankhaften) Halluzinationen werden nicht selten sehr intensiv erlebt und können sogar einen bedrohlichen Charakter annehmen, insbesondere dann, wenn sie mit einer Schlaflähmung einhergehen, das heißt mit einem vorübergehenden Gefühl der Lähmung der gesamten Skelettmuskulatur. Halluzinationen, die beim Aufwachen entstehen und die gleiche Qualität haben können, werden hypnopompe Halluzinationen genannt.

Während wir allmählich einschlafen, finden bedeutsame Veränderungen im Denkprozess statt. Noch im Wachzustand dominiert das konzentrierte, auf einen Punkt fokussierte und abstrakte Denken. Dieses wird nun immer mehr von assoziativen und unscharfen Gedanken überlagert, die schließlich in rein bildhaftes Denken übergehen. Diese Bilder scheinen sich unserer Kontrolle zu entziehen, können schnell wechseln und springen von Thema zu Thema. Nicht selten besteht ein Zusammenhang zwischen diesen Halluzinationen und den letzten Eindrücken vor dem Einschlafen.

Hypnagoge Halluzinationen spielen in kreativen Prozessen eine nicht zu unterschätzende Rolle, und viele Schriftsteller und Maler haben sich nachweislich von den fantastischen Bildern dieser Welt zwischen Wachen und Schlafen inspirieren lassen, so wie der Dichter Jean Paul und die Kinderbuchautorin Enid Blyton. Einschlafträume können zu diesem Zwecke offenbar auch kultiviert werden – »Kino im Kopf«.

Eine bemerkenswerte Parallele gibt es zwischen hypnagogen Halluzinationen und den traumartigen Bildern, wie sie typisch sind für schamanisches Reisen. In der Tat ist die Kultivierung von hypnagogen Halluzinationen eine der zentralen Trancetechniken vieler schamanischer Kulturen. Dazu wird das Stadium 1 des Schlafes verlängert und für die Reise in die innere Landschaft der Seele genutzt.

Luzide Träume (Klarträume)

Eine besondere Stellung unter den Träumen nehmen die sogenannten luziden Träume oder Klarträume ein. Sie faszinieren alle Menschen, die sich aktiv mit ihren Träumen beschäftigen, weil sie das Potenzial der Träume enorm erweitern können, wenn es um Selbsterkenntnis und Persönlichkeitsentwicklung geht.

Im Unterschied zu einem herkömmlichen Traum ist sich in einem Klartraum der Träumende dessen bewusst, dass er träumt. Diese Bewusstheit kann so weit ausgeprägt sein, dass er den Traumverlauf bis zu einem gewissen Grad steuern und das Traumgeschehen durch seine Entscheidungen beeinflussen kann. So kann sich der Träumer in seinem Traum angsteinflößenden Gestalten stellen, sie befragen und so herausfinden, was ihre Bedeutung ist, anstatt vor ihnen zu fliehen. Klarträumer berichten auch von besonders positiven oder sogar euphorischen Gefühlen, die das Träumen begleiten und sehr kraftvoll sind. An einen Klartraum kann man sich besonders gut erinnern. Dennoch ist der Bewusstseinszustand während des Klarträumens ein anderer als der des Wachzustands, und das erlebte Traumgeschehen bleibt symbolisch, unlogisch und assoziativ.

Luzides Träumen geschieht nur in den REM-Phasen des Schlafes und zeichnet sich durch eine besonders starke Alpha-Wellen-Tätigkeit des Gehirns aus. Es tritt nicht selten spontan auf, z. B. in einem Angsttraum, in dem der Träumer sich erschrickt und erkennt, dass dies eben alles nur ein Traum ist, ohne aufzuwachen – gewissermaßen als Strategie, mit der Angst, die ihm begegnet, fertig zu werden. Oft geht einem luziden Traum ein präluzider Traum voran, der durch besonders bizarre, häufig vernebelte Bilder gekennzeichnet ist und in dem es so ungewöhnlich zugeht, dass dem Träumer auffällt, dass er träumt.

Manche Menschen besitzen eine erstaunliche Begabung zum luziden Träumen, und es gibt zahlreiche Anleitungen dazu, wie man diese Fähigkeit trainieren kann. Einige glauben, dass die Kultivierung des luziden Träumens dabei hilft, mit den Problemen des Alltags besser fertig werden zu können – der Klartraum als Lebenshilfe. Daher ist er für viele ein erstrebenswertes Ziel ihrer Traumarbeit, im tibetischen Buddhismus gehört er zur Meisterschaft des Lebens. Andere wiederum halten dieses Bedürfnis, seine Träume beeinflussen zu wollen, für gefährlich. Sie stellen nicht zu Unrecht fest, dass das Traumleben eines der letzten Reservate unseres Unbewussten ist, in dem es sich relativ unbeeinflusst ausdrücken kann.

Tagträume

Der Tagtraum spielt sich außerhalb des Schlafgeschehens ab, daher sei zunächst dahingestellt, ob es sich dabei um eine Traumart im klassischen Sinne handelt. Dennoch lässt sich seine Bedeutung für das menschliche Erleben nicht abstreiten: Jeder Mensch kennt diese Momente der Abwesenheit, die nicht selten von intensiven Bildern begleitet sind. Tagträumende Menschen wirken oft apathisch, sie vergessen alles um sich herum, und wenn man sie anspricht, hat man den Eindruck, man würde sie aus einer anderen Welt reißen.

Bestimmte Bedingungen begünstigen den Tagtraum, insbesondere reizarme Umgebungen oder Monotonie. Mit Sicherheit ist der Tagtraum jedem Autofahrer schon einmal begegnet, der eine lange, langweilige Autobahnstrecke gefahren ist. Gerade an diesem Beispiel kann man die Qualität eines Tagtraums gut beschreiben: Während nach wie vor alle Sinne nach außen gerichtet und alle körperlichen Funktionen wach und reaktionsbereit sind, ist ein Teil des Bewusstseins auf innere Prozesse gerichtet. Dies ist ein wesentlicher Unterschied zum Schlaftraum.

Tagträume treten in der Regel spontan auf und beschäftigen sich zumeist mit Ereignissen und Situationen, die für uns momentan von Bedeutung sind. Erinnerungen können dabei eine ebenso wichtige Rolle spielen wie Vorstellungen über die Zukunft. Gerade das Durchspielen von möglichen künftigen Situationen ist ein tragendes Element von Tagträumen: In ihnen begegnen wir neben unseren aktuellen Wünschen und Hoffnungen auch der Chance, uns in einem Stadium unserer Persönlichkeit vorzustellen, das wir noch nicht erreicht haben. Tagträume können uns die Zukunft öffnen und uns eine Plattform bieten, uns selbst auszuprobieren. Im Gegensatz zum Nachttraum besitzt der Tagtraum also einen hohen Grad an schöpferischer Freiheit. Gerade Kinder und Jugendliche haben noch einen sehr starken Bezug zu ihren Tagträumen, während sie im Erwachsenenalter häufig als unrealistische Wunschträume abgetan werden (»Luftschlösser bauen«).

Dabei können Tagträume eine Gegenwelt zum bestehenden Alltag erschaffen, sie lockern ihn auf und ermöglichen neue Zukunftsperspektiven. Wenn unser Alltag jedoch trist und grau ist und wir keine Aussicht darauf haben, dass unsere Wünsche verwirklicht werden, können Tagträume auch zu einem Reservat werden, in das wir uns immer häufiger zurückziehen, um der Gegenwart zu entfliehen. Wir können uns eine Wunschwelt errichten, in der wir uns bevorzugt aufhalten, um der Verantwortung für unser Leben im Hier und Jetzt zu entgehen. Produktiv genutzt, können Tagträume hingegen zu einer unerschöpflichen Quelle für die Gestaltung des Lebens werden.

Zwischen Traum und Wirklichkeit

Wir wissen, dass der Traum sein Material aus der Wirklichkeit des Alltags bezieht. Wie aus einem großen Kasten mit vielen bunten Mosaiksteinchen wählt das Traumbewusstsein sich aus dem Repertoire unserer Erinnerungen verschiedene Elemente aus und setzt sie zu einem kunstvollen, manchmal bizarren und verwirrenden Geflecht aus Bildern und Assoziationen zusammen. Der Traum ist sozusagen ein Kunstwerk, eine Collage, geschaffen aus Fragmenten unseres Gedächtnisses – und vielleicht auch aus universellen Symbolen, den Archetypen.

Auch wenn wir wissen, aus welchen Quellen das Traumbewusstsein schöpft, können wir nicht vorhersagen, welches Kunstwerk es uns am Ende präsentieren wird – so wenig wie wir anhand der Farbpalette eines Künstlers bestimmen können, wie sein Bild am Ende aussehen wird. Wir können nicht von der Traumquelle auf das Traumbild schließen.

Und umgekehrt? Können wir aus dem Traumbild etwas über die Traumquelle erfahren? Und wenn ja: Was können wir erfahren? Was nützt es uns? Dies sind die zentralen Fragen, die sich demjenigen stellen, der die Bedeutung der Träume erforschen möchte.

Das Problem mit der Erinnerung

Wie wir gesehen haben, ist der Traum ein sehr flüchtiges Gebilde – Träume »sind Schäume« und bleiben nicht lange haften. Selbst wenn wir trainierte Träumer sind, deren Erinnerung bis ins kleinste Detail reicht, und wir uns angewöhnt haben, jeden Traum sofort aufzuschreiben, bleibt das Problem der Erinnerung bestehen: Wir können niemals den Traum so rekonstruieren, wie er wirklich war, denn die Erinnerung an den Traum ist bereits eine erste Rekonstruktion des Traums und damit eine erste Interpretation dessen, was wir in der Nacht erlebt haben. Wenn wir in der Früh aufwachen und unser Tagesbewusstsein wieder die Oberhand gewinnt, wird dieses Bewusstsein das, was wir während der REM-Phasen wahrgenommen haben, zu dem zusammenfügen, was wir später unseren Traum nennen werden. Jeder Traum ist also bereits durch den Filter des Bewusstseins gegangen. Aber etwas anderes steht uns nicht zur Verfügung.

Trotzdem sollten wir uns bei der Suche nach der Bedeutung unserer Traumbilder möglichst nahe an dem bewegen, was wir im Traum erlebt haben. Deshalb ist es so wichtig, sofort nach dem Aufwachen zu Papier und Stift zu greifen, weil wir dann noch am nächsten an dem sind, was ursprünglich der Traum war. Je länger wir damit warten, umso größer wird der deutende und ordnende Einfluss des Wachbewusstseins.

Wenn wir uns dann mit dem Traum beschäftigen, ihn auslegen, findet das mit unserem Tagesbewusstsein statt – und dies ist auch gut so, denn nur so können wir den Schlüssel zur Bedeutung unserer Traumbilder finden, das heißt den Zusammenhang zwischen Traumwirklichkeit und Alltagswelt.

Vom Traumbild zum Traumsymbol

Die Sprache der Träume ist in der Regel nicht besonders klar. Wenn Träume eine Botschaft in sich tragen, dann ist diese nicht selten bis zur Unkenntlichkeit verschlüsselt. Wie können wir die Sprache des Traums dechiffrieren? Wir benötigen einen Schlüssel, der den Traumcode in die Sprache des Alltags übersetzt.

Viele Traumlexika suggerieren, es gäbe so etwas wie einen Universalschlüssel für Träume: Sie bieten für die im Traum auftauchenden Symbole, Figuren, Szenen und Handlungen mehr oder weniger eindeutige Zuordnungen an. So weist z. B. ein Hase auf Sprunghaftigkeit hin, aber auch auf intuitive Einsichten und schließlich auf Glück. Hier weichen alle drei Deutungen für ein und dasselbe Symbol stark voneinander ab – und nicht selten widersprechen sich die Deutungen außerdem. Das liegt daran, dass die angeführten Bedeutungen aus unterschiedlichen Traditionen stammen und einfach übernommen wurden, ohne sie zu hinterfragen. Wirklich hilfreich sind diese Traumlexika nicht, insbesondere wenn man bedenkt, dass die meisten Träume aus einer ganzen Kette von solchen Symbolen bestehen, die sich dann inhaltlich ausschließen können.

Doch der eigentliche Irrtum der Traumsymbol-Lexika besteht darin, dass sie auf der Annahme beruhen, man könne ein Bild in einen Begriff übersetzen, und dies würde dann eine Deutung ergeben. Bilder sind jedoch stets mehrdeutig! Wenn wir von Traumsymbolen sprechen, dann müssen wir zusätzlich eingestehen, dass eine eindeutige Definition noch weniger sinnvoll ist! Bilder, die zu Symbolen geworden sind, besitzen eine emotionale Kraft, die auf den Menschen wirkt, und zwar auch ohne Auslegung. Ein Symbol beinhaltet eine wortlose Aufforderung, sich mit ihm zu beschäftigen – dies unterscheidet es von einem reinen Bild. Beim Versuch, ein Symbol in unsere Sprache zu übersetzen, werden wir immer feststellen, dass ein Rest Unverstandenes übrig bleibt, etwas, das selbst den hartnäckigsten Versuchen der Deutung widersteht. Gerade dieses Rätsel des Symbols treibt uns an und hält uns in Bewegung. Die Deutung eines Symbols zielt weniger auf ein Ergebnis: Der Weg ist das Ziel.

Der Schlüssel zur Traumdeutung

Die Verbindung zwischen Traumwelt und Alltagswelt kann nicht in pauschalen Deutungen gefunden werden – das verbindende Glied ist der Mensch selbst. Sein Leben ist der Ausgangspunkt für die Bedeutung der Traumbilder. Wenn wir uns auf die Suche danach machen, was die Bilder in unseren Träumen bedeuten, werden sie zu Symbolen für uns. Es ist nicht sicher und eher unwahrscheinlich, dass wir am Ende die einzig treffende und wahre Bedeutung finden werden – wir werden einen Traum immer nur so weit ausloten können, wie es uns mit unseren gegenwärtigen geistigen und seelischen Fähigkeiten möglich ist. Aber auf dem Weg dorthin verändert uns das Symbol bereits – und dies ist das eigentliche Geheimnis des Traums: Er transformiert uns, indem wir uns mit ihm beschäftigen, und nicht indem wir ihn lösen.

Der Träumer selbst ist der Schlüssel zur Bedeutung seiner Träume. Bei der Deutung eines Traums sollte deshalb die Priorität darauf liegen, die individuellen Merkmale zu betrachten, die den Traum zu einer persönlichen Botschaft an den Träumer machen.

Traumdeutung

Bisher haben wir uns ausführlich mit dem Warum und Wozu der Träume beschäftigt. Sie sind also bestens ausgerüstet, um sich auf den Weg ins Land der Träume zu machen, und zwar nicht mehr nur als zufälliger Gast, sondern als forschender Reisender und Entdecker, der es sich zu Aufgabe gemacht hat, Höhen und Tiefen dieser Welt auszuloten, ihre Hinweise und Bilder zu deuten und diese Traumwelt für sich zu erfahren. Bevor Sie sich in das Abenteuer der Traumdeutung stürzen, möchte ich Sie auf ein paar Grundregeln aufmerksam machen. Es ist gewissermaßen der Knigge im Umgang mit Träumen.

Fünf goldene Regeln der Traumdeutung

1. Nehmen Sie den Traum beim Wort! Bevor Sie in den Traum etwas hineindeuten, was gar nicht vorhanden ist, sollten Sie auf Ihr Grundgefühl achten: Welche unmittelbare Botschaft haben diese Traumbilder für mich? Ist der Traum eine Warnung? Eine Ermahnung? Eine Entscheidung? Erst wenn der Traum sich auf diese Weise nicht sinnvoll auslegen lässt, können Sie zu einer symbolischen Deutung übergehen.

2. Der Traum liegt nahe. Suchen Sie zunächst nach einem Auslöser in den letzten Tagen, und versuchen Sie eine Verbindung zum Thema Ihres Traums herzustellen. Achten Sie dabei auf die Grundstimmung des Traums: Trauer könnte auf ein trauriges Ereignis verweisen, Wut auf eine entsprechende Situation etc. Sehr häufig verwandelt der Traum ein konkretes Erlebnis in eine Metapher, in der die eigentliche Botschaft an uns steckt.

3. Der Traum ist individuell. Nur der Träumer selbst kann seinen Traum sinnvoll deuten, denn für jeden Menschen können Symbole etwas anderes bedeuten. Und selbst für ein und denselben Menschen kann ein Bild, das sich in mehreren Träumen wiederholt, jeweils etwas anderes bedeuten.

4. Der Traum hat eine Botschaft. Gehen Sie davon aus, dass der Traum eine Botschaft für Sie hat. Eine Botschaft ist jedoch nur dann sinnvoll, wenn sie einen Unterschied ausmacht, das heißt, wenn Sie sie noch nicht kennen oder Sie sich dessen nicht bewusst sind. Wenn Sie also das Gefühl haben, Ihre Deutung ist keine Botschaft für Sie, dann vertiefen Sie die Traumdeutung und suchen weiter.

5. Der Traum ist sinnvoll. Der Traum ist dann (und nur dann!) richtig gedeutet, wenn er Ihnen einleuchtet und er sich sinnvoll auf Ihre gegenwärtige Lebenssituation bezieht, besser noch: wenn er Ihnen hilft, sich konstruktiv mit anstehenden Konflikten auseinanderzusetzen.

Typische Träume

Ungeachtet der Tatsache, dass Träume immer individuell zu deuten sind, gibt es einige Motive, die in den Träumen aller Menschen immer wieder auftauchen und die möglicherweise bestimmte Grundbedürfnisse des Menschen ganz allgemein thematisieren. Wissenschaftler haben für einige dieser sehr häufig auftauchenden Traummotive postuliert, dass sie auf charakteristische körperliche Reaktionen während des Einschlafens und während des REM-Schlafes zurückzuführen sind, auf den Wechsel von muskulärer Anspannung und Entspannung beispielsweise. Dies kann in der Tat erklären, welche Reize einem

Traumbild zugrunde liegen. Dennoch sagt es uns nichts über seine Bedeutung – diese finden wir einzig und allein auf der inneren Seite des Traums, auf der Ebene der Metaphern, Allegorien und Symbole.

Bei den nun folgenden fünf typischen Traumthemen können wir grundsätzliche Botschaften ausmachen, die für fast alle Menschen gleich sind. Dennoch sollten Sie natürlich darauf achten, welche individuellen Merkmale das Traumgeschehen aufweist, z. B. wo Sie sich befinden, was Sie sehen können und wer Ihnen begegnet. All dies sind wichtige Hinweise, die für ein vollständiges Bild unerlässlich sind.

Der Traum vom Fallen

Fast jeder Mensch hat schon einmal davon geträumt, zu fallen, von einem Haus, einem Berg, einer Treppe, einem Balkon etc. In einem ersten Schritt sollten Sie sich darüber klarwerden, welche Gefühle Sie mit dem Fallen verbinden: Nicht selten wird das Fallen als angenehm und erfreulich empfunden und nicht als beängstigend. Das ist eine wichtige Grundaussage. In einem zweiten Schritt sollten Sie überprüfen, ob es in den letzten Tagen konkrete Situationen gegeben hat, in denen Sie Angst hatten zu fallen – suchen Sie also nach einem Auslöser, z. B. ein lockeres Geländer, das Ihnen aufgefallen ist, oder ein Besuch auf einem Fernsehturm oder Ähnliches. Wenn Sie keinen Auslöser finden können, dann überlegen Sie: Welche Bedeutung steckt ganz allgemein im Fallen? Fallen kann nur derjenige, der eine gewisse Fallhöhe erreicht hat. Was könnte Ihre Fallhöhe sein? Haben Sie sich in irgendeiner Situation »zu hoch hinauf« gewagt? Haben Sie sich zu viel zugemutet, und nun befürchten Sie, dass Sie versagen und »abstürzen«? Haben Sie Angst, fallengelassen zu werden, wenn Sie beispielsweise bestimmte Erwartungen nicht erfüllen? Fallen ist immer auch ein Vorgang, den wir nicht stoppen können: Wir sind ihm hilflos ausgeliefert. Fühlen Sie sich zurzeit hilflos und ohnmächtig? Haben Sie »den Boden unter den Füßen« verloren? Vielleicht aber weist Sie der Traum auch darauf hin, dass Sie die Kontrolle aufgeben sollten und sich häufiger »fallenlassen« sollten? Müssen Sie irgendetwas loslassen?

Der Traum vom Fliegen

Auch das Fliegen ist ein weitverbreitetes Thema in Träumen – allerdings ist es hier schwer, einen alltäglichen Auslöser zu finden, denn ganz ohne Hilfsmittel, wie wir es im Traum oft können, ist der Mensch nicht in der Lage, sich in die Lüfte zu erheben. Deshalb können wir gleich eine metaphorische Ebene wählen. Grundsätzlich gilt auch hier, dass es entscheidend ist, wie Sie sich dabei gefühlt haben: War es ein angenehmes Erlebnis, oder hat es Ihnen Angst gemacht? Erst dies macht eine stimmige Deutung möglich. Was bedeutet es, zu fliegen? Wir heben ab, verlieren Bodenkontakt und gewinnen eine ungeahnte Freiheit, uns im Raum zu bewegen. Manchmal schwebt das Traum-Ich dahin, gleitet über Landschaften und hat freien Blick weit über den üblichen Horizont hinaus. Ein anderes Mal schlägt es Kapriolen in der Luft, fliegt mal höher, mal tiefer, mal langsamer, mal schneller. Flugträume werden in den meisten Fällen als sehr positiv erlebt, denn ihr Grundthema ist zumeist das Freisein von den Belastungen des Alltags. Ist Ihr Leben momentan schwer und kompliziert? Wie steht es um Ihre Bewegungsfreiheit? Sind Sie stark »angebunden« und kommen einfach nicht »hoch«? Manchmal wird das Fliegen aber auch als gefährlich erlebt – vielleicht findet man im Traum keinen Landeplatz, oder es gelingt einem nicht, den Höhenflug zu bremsen! Dann sollten Sie sich vielleicht fragen, ob Sie gegenwärtig Angst davor haben, frei zu sein. Gibt es Situationen, die Sie unsicher machen und die Sie als zu riskant für sich ansehen? Haben Sie Angst davor, eine gewohnte Situation aufzugeben?

Der Traum vom Fliehen

Oft werden wir im Traum verfolgt – in der Regel handelt es sich dabei um Alpträume, wenn auch nicht immer. Wir nehmen vor irgendetwas Reißaus – manchmal kennen wir die Bedrohung, manchmal ist es etwas Unbekanntes. Achten Sie auch hier auf Ihre Gefühle: Haben Sie Angst? Sind Sie verzweifelt? Werden Sie gehetzt und gejagt? Oder ist es eher das Gefühl, nicht entdeckt werden zu wollen? Um diese Fluchtträume zu verstehen, ist es entscheidend, zu wissen, wer oder was uns hier verfolgt. Überprüfen Sie daher, ob in den letzten Tagen etwas passiert ist, das ein Auslöser für die Gestalt des Verfolgers sein könnte. In den meisten Fällen liegt diesen Träumen die Flucht vor Problemen und Schwierigkeiten im Alltagsleben zugrunde: Wir versuchen uns davor zu drücken, ein Anliegen zu klären, eine Entscheidung zu treffen oder eine Pflicht zu erfüllen, obwohl die Zeit drängt und uns dies sehr belastet. Wenn Ihnen nicht unmittelbar klar ist, was das sein könnte, können folgende Fragen hilfreich sein: Überprüfen Sie die Qualität des Verfolgers: Hat er etwas mit Autorität zu tun? Ist es jemand, den Sie im Alltagsleben kennen? In welchem Verhältnis stehen Sie zu dieser Person? Mögen Sie diese Person oder nicht? Ist es etwas Abstraktes? Welchen Wert könnte es verkörpern? Wird man in Alpträumen verfolgt, ist das nicht selten mit einer Lähmung verbunden: Wir wollen fliehen – können uns aber nicht mehr bewegen.

Der Traum vom Nacktsein

Man könnte meinen, Träume, in denen wir uns nackt und bloß vorfinden, hätten etwas mit sexuellen Fantasien zu tun. Dies ist jedoch nicht so. Vielmehr wird hier ein Grundbedürfnis des Menschen nach Schutz angesprochen. Kleidung ist etwas, das uns im Alltag körperlich beschützt. Sie lässt aber auch eine Aussage über unsere Persönlichkeit zu: An der Kleidung erkennen wir den Status einer Person und schließen auf ihren Geschmack. Kleidung ist immer ein Signal nach außen, ein Mittel, uns in Szene zu setzen und uns so darzustellen, wie wir gerne gesehen werden möchten. Aus dieser Perspektive ist klar, was die Nackträume bedeuten können: Sie handeln davon, dass wir entblößt und unserer Schutzhülle beraubt sind – wir müssen uns so zeigen, wie wir wirklich sind. Häufig merken wir in einem solchen Traum zunächst nichts von unserer Nacktheit, bis uns auf einmal bewusst wird, dass sich alle Blicke auf uns richten. Dann werden wir uns unserer misslichen Situation gewahr und können uns nicht mehr verstecken. Wenn Sie Nackträume haben, sollten Sie sich fragen, ob Sie Angst haben, aus der Rolle zu fallen und Ihr wahres Gesicht zu zeigen. Legen Sie zurzeit großen Wert darauf, ein bestimmtes Bild in der Öffentlichkeit abzugeben? Müssen Sie sich anders geben, als Sie sich fühlen? Stehen Sie unter Druck, weil Sie Ihr Gesicht nicht verlieren wollen? Fühlen Sie sich gegenwärtig sehr verletzbar und wollen dies nicht zeigen?

Der Traum von ausfallenden Zähnen

Viele Menschen träumen davon, dass ihnen die Zähne ausfallen oder sogar beim Zubeißen zerbröckeln. Gemäß dem Grundsatz, den Traum zuerst einmal wörtlich zu nehmen, sollten Sie tatsächlich erst einmal Ihre Zähne überprüfen, denn es kann durchaus sein, dass Ihnen das Unbewusste mitteilen möchte, dass sich hier Probleme anbahnen. Wenn aber alles in Ordnung ist, dann untersuchen Sie die metaphorische Ebene.

Was können Zähne bedeuten? In erster Linie dienen sie dazu, zuzubeißen – und wenn jemand »Biss« hat und sich gut »durchbeißen« kann, dann kann er sich gut durchsetzen. Der Verlust der Zähne kann also auf eine Situation hinweisen, in der Sie »Zähne zeigen« müssen, sich dies aber nicht zutrauen. Schöne Zähne sind zudem ein wichtiges Kennzeichen von jugendlicher Ausstrahlung. Deshalb kann der Verlust der Zähne auch auf die Angst hinweisen, seine Vitalität zu verlieren, vielleicht sogar Zweifel an der eigenen körperlichen Attraktivität bekunden. Sowohl Vitalität als auch Attraktivität sind in unserer Kultur sehr wichtig, um sich einen respektierten Platz in der Gesellschaft zu verschaffen. Diese Träume haben deshalb im weitesten Sinne mit unserem Bedürfnis nach und unserer Sorge um Anerkennung zu tun.

Sich an Träume erinnern

Nun kommen wir zur konkreten Traumarbeit – und die beginnt bereits vor dem Einschlafen, denn Sie können schon im Wachzustand einiges dafür tun, um die Wahrscheinlichkeit, sich an Ihre Träume zu erinnern, beträchtlich zu erhöhen. Sie erinnern sich: Traumbewusstsein und Wachbewusstsein schließen einander nicht aus, sondern sie bedingen einander und greifen an vielen Stellen ineinander über. Dort, wo sich Traum und Wachen begegnen, verläuft eine Grenze, die beide Welten sowohl voneinander trennt als auch miteinander verbindet. Ziel ist es dabei immer, sich bereits im Wachbewusstsein so oft wie möglich an dieser Grenze zum Traumbewusstsein zu bewegen. Dadurch erhöhen wir unsere Aufmerksamkeit für die Wirklichkeit des Traumbewusstseins, schenken ihm mehr Respekt, was

Sieben Schritte der erfolgreichen Traumdeutung

Wann ist eine Traumdeutung erfolgreich? Wenn Sie das Gefühl haben, die Botschaft, die der Traum an Sie gerichtet hat, verstanden zu haben.

Für diesen Prozess empfehle ich Ihnen einen Sieben-Schritte-Plan: Nach der Vorbereitung auf das Träumen untersuchen Sie die Inhalte des Traums, um schließlich die Symbole zu deuten. Denken Sie immer daran: Nicht das Ergebnis ist entscheidend für den Erfolg, sondern der Prozess, den Sie auf diesem Weg durchlaufen. Der Weg ist das Ziel!

Vorbereitung

1. Sich an den Traum erinnern und ihn festhalten

Den Inhalt des Traums untersuchen

2. Die Traumquellen aufspüren
3. Den Traum objektivieren
4. Eine Brücke zwischen Traum-Ich und Alltags-Ich schlagen

Die Traumsymbole deuten

5. Die vier Dimensionen des Traumbildes erarbeiten
6. Traumsymbole vertiefen
7. Zwiegespräch mit den Traumsymbolen

Wenn Sie Ihre eigenen Träume über einen längeren Zeitraum hinweg beobachtet und mehrere Träume gedeutet haben, können Sie eine eigene Traummythologie entwickeln.

sich wiederum positiv auf unser Vermögen auswirkt, uns an Träume zu erinnern. Wenn wir die Wirklichkeit des Traums in gleichem Maße zu schätzen beginnen wie die Wirklichkeit des Wachens, wenn wir die Spuren des Traumbewusstseins als selbstverständlichen Teil unseres Wachbewusstseins wahrnehmen, dann werden sich die Träume nach dem Aufwachen nicht so schnell verflüchtigen.

Der Grenze zwischen Wach- und Traumbewusstsein sind wir im Alltag oft näher, als wir vermuten, denn vieles, was wir denken, fühlen und tun, weist bereits die Eigenschaften des Traums auf. Indem wir unsere Aufmerksamkeit auf diese Spuren lenken, werden wir zu Grenzgängern.

Üben Sie sich in der Sprache der Bilder

Der Traum spricht in der Sprache der Bilder. Menschen, die mit dieser Sprache vertraut sind, werden sich leichter tun, den Traum zu sich einzuladen und sich auch an ihn zu erinnern. Dabei hilft es, sich zu vergegenwärtigen, dass unsere ganz alltägliche Sprache überreich an Bildern und Metaphern ist, auch wenn uns das manchmal gar nicht bewusst ist. Karl Valentin bringt es drastisch überspitzt auf den Punkt: »Weil wir grad vom Aquarium redn, ich hab nämlich früher – nicht im Frühjahr – in der Sendlinger Straße gewohnt, nicht in der Sendlinger Straße, das wär ja lächerbar, in der Sendlinger Straße könnt man ja gar nicht wohnen, weil immer die Straßenbahn durchfährt, in den Häusern hab ich gwohnt in der Sendlinger Straße. Nicht in allen Häusern, in einem davon, in dem, das zwischen den andern so drinsteckt, ich weiß net, ob Sie das Haus kennen. Und da wohn ich, aber nicht im ganzen Haus, sondern nur im ersten Stock, der ist unter dem zweiten Stock und ober dem Parterre, so zwischendrin, und da geht in den zweiten Stock so eine Stiege nauf, die geht schon wieder runter auch, die Stiege geht nicht nauf, wir gehen die Stiege nauf, man sagt halt so.«[1]

Unsere Kommunikation ist voller Metaphern, auch wenn wir diesem Umstand in der Regel kaum Aufmerksamkeit schenken. Haben Sie schon mal über Ihre Träume nachgedacht? Wenn ja, unter welchem Blickwinkel? Welche Assoziationen verknüpfen Sie mit den Traumbildern? Haben Sie Lust bekommen, etwas Licht ins Dunkel Ihrer Träume zu bringen und zu erfahren, wie Träume nützliche Werkzeuge für Ihre Persönlichkeitsentwicklung sein können?

Diese kleine Kostprobe zeigt, dass es schier unmöglich ist, nicht in Metaphern zu sprechen. Während wir im Wachbewusstsein diese Bildersprache oft unbewusst verwenden, lebt der Traum davon, diese Metaphern ernst oder sogar wörtlich zu nehmen. So können wir im Alltag sagen: »Ich bin gut drauf!« – und im Traum haben wir das Bild, auf einer erhöhten Plattform zu stehen und über die Welt zu blicken. Wir können im Alltag ein Problem lösen wollen und im Traum einen Knoten lösen.

Metaphern als Katalysator

Die Arbeit mit Metaphern ist ein zentraler Schlüssel in der Traumarbeit. Eine Metapher (gr. metapherein, »anderswohin tragen, übertragen«) ist eine bildhafte Übertragung: Ein Wort oder eine Wendung wird aus ihrem eigentlichen Zusammenhang in einen anderen übertragen, z.B. »jemanden übers Ohr hauen«. So wird ein gewöhnlicher Ausdruck durch einen bildhaften ersetzt.

Metaphern kommen also aus einem anderen Zusammenhang und reichern so einen Begriff an, nämlich den, der ersetzt wurde: Sie verbinden ihn mit etwas Neuem. Nehmen Sie als Beispiel

---

1 Zitiert nach Gerhard Kurz: Metapher, Allegorie, Symbol. Göttingen 1997. S. 12 f.

den Ausdruck »Lebensabend« für »Alter«. Wenn wir diese Metapher verwenden, ergänzen wir das Wortfeld »Alter« durch alle Assoziationen, die wir mit »Abend« verbinden, und entsprechend verschwinden die anderen Assoziationen zu Alter. Vielleicht sehen wir uns an unserem Lebensabend auf einer Parkbank sitzen oder auf einer Veranda, während die untergehende Sonne die Landschaft in ein rotgoldenes Licht taucht. Oder wir denken an den Abend als die Phase des Tages, in der wir zur Ruhe kommen oder uns vielleicht mit Freunden treffen, um etwas mit ihnen zu unternehmen. Die Metapher »Lebensabend« löst in uns also jede Menge emotionaler Bilder aus, vornehmlich positive. Wer demzufolge das Alter als Lebensabend oder als Herbst des Lebens bezeichnet, der lässt alle Themen des Altwerdens in einem bestimmten Licht erscheinen.

So funktionieren Metaphern: Sie verändern und erweitern eine Bedeutung, indem sie etwas Bekanntes auf überraschende Weise mit einer Bezeichnung belegen, die so nicht zu erwarten ist, die nicht selbstverständlich ist. »Die Metapher«, so der Literaturwissenschaftler Gerhard Kurz, »ist eine Abweichung … vom prototypischen Gebrauch eines Wortes, der Standardbedeutung.« Und genau das Gleiche gilt für die Bildersprache des Traums! Alles, was uns im Traum begegnet, kann wie eine Metapher gelesen werden.

Es gibt im Alltag jede Menge Metaphern, die für uns als solche längst nicht mehr erkennbar sind, z. B. die Motorhaube, das Stuhlbein, der Wolkenkratzer oder der Verkehrsfluss. Diesen Metaphern fehlt das Unerwartete, sie bewegen uns nicht weiter, lösen keine Gefühle aus. Anders die Traumbilder: Sie sind in der Regel starke, lebendige Metaphern, die eine Konvention brechen und uns überraschen können. Sie setzen einen Spielraum an Bedeutungen frei, laden uns zum Rätseln über ihre Bedeutungen ein, bewegen uns emotional. Starke Metaphern stören das Geregelte und machen auf diese Weise etwas sichtbar, was sich im Gewöhnlichen versteckt.

»Metaphern haben die Macht, neue Wirklichkeiten zu schaffen und unser Begriffssystem zu verändern«, so Gerhard Kurz. Eine starke Metapher kann Wandlungen in Gang setzen, indem sie gewohnte Begriffswelten in Frage stellt und uns auf die Suche nach ihrem Sinn schickt. Sie verknüpft mit einem bekannten Sachverhalt Vorstellungen, Assoziationen, Meinungen und Empfindungen, die wir aus einem anderen Bereich kennen, und setzt Gefühle frei. Sie führt uns zu einem neuen Erleben des metaphorisch Betrachteten.

Indem wir uns mit den Bildern unserer Träume konfrontieren und sie wie Metaphern lesen, erzeugen wir Bedeutungen, die wiederum unsere Einstellung zu den Dingen verändern und unsere Handlungen neu ausrichten können.

Werden Sie selbst zum Poeten

Eine gute Übung, um sich auch im Wachbewusstsein die Kraft der Metaphern zu vergegenwärtigen, ist die Lektüre von Dichtung, denn in der Lyrik ist die Verwendung von Metaphern besonders ausgeprägt. Suchen Sie sich einen Autor, dessen Texte Sie gerne mögen, und lesen Sie ein Gedicht vor dem Zubettgehen. Lassen Sie das Gedicht auf sich wirken, und spielen Sie im Geiste mit den Bildern und Assoziationen, die es in Ihnen weckt. Wiederholen Sie das tagsüber, wann immer Sie die Gelegenheit haben. Versuchen Sie auch ein und dasselbe Gedicht zu verschiedenen Tageszeiten oder in verschiedenen Stimmungen zu lesen, und beobachten Sie, welche Unterschiede das ausmacht, wie sich z. B. die Attraktivität eines Bildes verändert.

Natürlich können Sie auch selbst Gedichte verfassen. Es ist ein wunderbares Training für die Traumarbeit, selbst zum Poeten zu werden, denn so verwandeln Sie den Alltag schon im Wachbewusstsein in die Bildersprache des Traums. Dabei kommt es gar nicht darauf an, Kunstwerke zu schaffen, sondern beschreiben Sie einfach das, was Sie erleben, in Metaphern. In jedem von uns schlummert ein kleiner Dichter – wecken Sie ihn auf!

Wenn Ihnen das zu abwegig erscheint, versuchen Sie es mit der umgekehrten Übung. Lesen Sie den folgenden kurzen Abschnitt, und übersetzen Sie jede Metapher, die darin vorkommt, vor Ihrem geistigen Auge in ein konkretes Bild. Nehmen Sie wirklich so viel wie möglich wortwörtlich: Manche Metaphern sind leicht zu erkennen, andere verstecken sich in ganz alltäglich wirkenden Ausdrücken. Lassen Sie sich überraschen, auf welche abenteuerliche Reise Ihre Fantasie Sie schicken wird!

Metaphern wörtlich nehmen

Übersetzen Sie die Metaphern im folgenden Text vor Ihrem geistigen Auge in konkrete Bilder:

Ihre Stimmungsschwankungen brachten Mark immer wieder auf die Palme: Gerade noch war sie himmelhochjauchzend, dann wieder zu Tode betrübt – die reinste Fahrt auf einer Achterbahn, aber ohne Aussicht auf ein Ende. Dennoch hatte sie wie kein anderer Mensch zuvor sein Herz berührt. Er konnte es ihr einfach nicht nachtragen, wenn sie wieder einmal aus der Rolle fiel und sich danebenbenahm. Ihre Gegenwart vernebelte ihm die Sinne, zugleich fielen alle Zweifel von ihm ab, und alles wurde ganz leicht. Wie sollte er sie da loslassen? Sie war der sichere Hafen, den er nach einer langen Irrfahrt durch eine stürmische See gefunden hatte. Hier fühlte er sich zu Hause – auch wenn das bedeutete, dass er seine Freiheit verlieren würde.

Wenn Ihnen diese Übung Spaß gemacht hat, dann gewöhnen Sie es sich an, Metaphern im Alltag aufzuspüren und mit den Farben Ihrer Fantasie zum Leben zu erwecken.

Verwischen Sie die Grenze zwischen Traum und Wirklichkeit

Traumbewusstsein und Wachbewusstsein sind, wie bereits mehrfach erwähnt, zwei gleichwertige Seiten unserer Persönlichkeit. Nur wenn wir diesen beiden Seiten den gleichen Rang in unserem Leben einräumen, werden wir von Traumarbeit profitieren. Doch warum sollen wir warten, bis das Seltsame und Merkwürdige in unseren Träumen passiert? Steckt nicht auch unser Alltag voller Merkwürdigkeiten und Wunder? Kommt es uns nicht manchmal so vor, als ob wir träumten, obwohl wir hellwach sind? Die folgende Übung macht sich dies zunutze und schickt Sie auf die Spur des Traumhaften im Alltäglichen.

Auf der Spur des Traumhaften im Alltäglichen

Erinnern Sie sich an eine Begebenheit, die Ihnen besonders merkwürdig vorkam, etwas, das Sie aus der alltäglichen Routine herausgerissen hat. Das muss gar nichts Spektakuläres sein, es muss nur auf irgendeine Weise aus dem Rahmen des Alltäglichen herausfallen. Nun schreiben Sie dieses Ereignis auf – und tun dabei so, als ob es ein Traum gewesen wäre. Versuchen Sie, sich dabei so genau wie möglich an das zu halten, was Sie erlebt haben, aber beginnen Sie die Beschreibung mit einem Satz wie: »Neulich hatte ich einen Traum …«
Wiederholen Sie diese Übung ein paar Tage. Sie werden feststellen, dass unser Leben voll von Traumsequenzen ist, wenn wir entsprechend aufmerksam hinschauen – auch ohne dass wir schlafen.

Sie müssen sich aber nicht unbedingt auf die Lauer legen, um den seltsamen Brüchen in der Logik des Alltäglichen auf die Schliche zu kommen – Sie müssen letztlich nur Ihre Wahrnehmung verändern, und schon erscheinen Ihnen die normalsten Dinge merkwürdig. Unser Verstand legt fest, was wir als normal empfinden und was nicht. Doch was für uns ganz selbstverständlich ist, kann aus einer anderen Perspektive auf einmal den Rahmen des Alltäglichen sprengen.

Die Wahrnehmung verändern

Denken Sie an eine ganz alltägliche Situation, wie sie Ihnen immer wieder begegnet: vielleicht beim Einkaufen, beim Saubermachen, bei der Fahrt zur Arbeit. Es sollte wirklich etwas sein, dem Sie üblicherweise wenig Aufmerksamkeit schenken und das Sie automatisch und routiniert erledigen. Wenn Sie sich eine solche Situation ausgesucht haben, verändern Sie das nächste Mal, wenn Sie sich in ihr befinden, die Art und Weise, sie zu betrachten. Stellen Sie sich vor, Sie wären ein Forscher oder ein Außerirdischer, der die Verhaltensweisen der Spezies Mensch beobachtet, oder Sie kämen aus einer ganz anderen Kultur: Was erschiene Ihnen merkwürdig? Was rätselhaft? Was völlig unverständlich? Was wäre für Sie auffällig oder gar absurd? Legen Sie für einen Augenblick alle Meinungen und Annahmen ab, die Sie über das alltägliche Leben haben. Fragen Sie sich ganz naiv: Was ist der Zweck der Handlungen, die Sie beobachten? Welche Absichten scheinen die Menschen zu verfolgen? Sie werden merken, wie selbst die gewöhnlichsten Beobachtungen durch diese Brille betrachtet etwas Skurriles und Faszinierendes bekommen.

Wenn Sie mögen, dann schreiben Sie zu diesem Erlebnis einen Bericht, vielleicht einen wie diesen: »Auf meiner Expedition in das Reich der Menschen fiel mir auf, dass die meisten den Tag mit einem seltsamen Ritual beginnen. Sie gehen dazu in einen eigens dafür angefertigten Raum, der sich von anderen Räumen ihrer Behausungen dadurch unterscheidet, dass es dort Vorrichtungen gibt, die Wasser in das Innere des Hauses leiten und dort verfügbar machen. Manche der Menschen stellen sich in große Gefäße und lassen Wasser über sich laufen, wobei sie sich mit duftenden Substanzen einreiben. Andere wiederum beginnen sich ihre Kauwerkzeuge mit einem Stab zu reinigen, an dessen Enden sich mehr oder weniger feste Borsten befinden. Es ist nicht ganz klar, zu welchem Zweck diese Reinigungsrituale stattfinden, doch ich konnte beobachten, dass die meisten Menschen großen Wert darauf legen. Andere, die diese Rituale weniger konsequent durchführen oder gar nicht, werden sogar gemieden und erfahren eine Art soziale Ächtung.«

Je öfter Sie solche Berichte für sich anfertigen – und sei es nur im Geist und zum Zeitvertreib, wenn Sie das nächste Mal in der Schlange am Supermarkt stehen –, umso durchlässiger machen Sie sich für das Traumhafte im Wachzustand. Der Lohn dieser Bemühungen wird sein, dass Traum- und Wachbewusstsein immer vertrauter werden und der Traum sich Ihnen schließlich immer bereitwilliger offenbaren wird.

Steigern Sie Ihr Interesse und Ihre Kreativität

Je mehr Interesse und Bereitschaft, sich der Traumwelt zu öffnen, Sie bereits im Wachzustand haben, umso wahrscheinlicher werden Sie sich an Ihre Träume erinnern. Eine ganz einfache Empfehlung: Lesen Sie Bücher über Träume, und zwar nicht nur Fachliteratur, sondern insbesondere Romane und Geschichten!

Lesen Sie Märchen

Auch die intensive Beschäftigung mit Märchen und Mythen erhöht die Bereitschaft, sich auf die Traumwirklichkeit einzulassen. Es lohnt sich, am Abend in den Kinder- und Hausmärchen der Gebrüder Grimm zu schmökern. Viele Märchen weisen die typischen Merkmale der Traumwelt auf: plötzliche Szenenwechsel, seltsame Verwandlungen der Protagonisten, fehlende Zusammenhänge der Ereignisse, schemenhafte Darstellungen von Personen, Gegenständen und Situationen. Wählen Sie jeden Tag ein anderes Märchen aus, und versuchen Sie, sich voll und ganz auf seine Bilderwelt einzulassen, jede Szene vor Ihrem geistigen Auge auszukosten. Fragen Sie sich: Wie fühlt sich wohl die Müllerstochter im Märchen vom Rumpelstilzchen, wenn sie dazu gezwungen wird, aus Stroh Gold zu spinnen? Wie fühlen sich Hänsel und Gretel alleine im Wald? Was mag Schneewittchen empfunden haben, als es zum ersten Male den Zwergen begegnet ist? Lesen Sie die Märchen auch im Hinblick darauf, welche Gefühle sie bei Ihnen auslösen. Welche Märchen bewegen Sie besonders? Lassen Sie die Welt der Mythen und Märchen zu einem lebendigen Teil Ihres Lebens werden.

Beschäftigen Sie sich mit Bildern und Symbolen

Auch die Beschäftigung mit Symbolen ist geeignet, bereits im Wachzustand das Traumbewusstsein zu fördern. Üben Sie das Deuten von Symbolen, z. B. mit Tarot-Karten oder mit den wunderschönen Soulcards von Deborah Koff-Chapin. Selbst wenn Sie nicht von den geheimnisvollen Kräften, die diesen Karten anhaften sollen, überzeugt sind, erzählen Ihnen die Bilder Geschichten. Versuchen Sie es einmal: Ziehen Sie willkürlich eine Karte, lassen Sie die Symbole auf sich wirken, und lassen Sie Ihrer Fantasie freien Lauf! Betten Sie das, was Sie sehen, in eine ganz alltägliche Geschichte ein, oder erfinden Sie ein eigenes Märchen dazu. Wichtig ist, dass Sie sich keine Beschränkungen auferlegen, sondern Ihren Gedanken so spontan wie möglich folgen – egal wohin Sie diese führen.

Da Träume in erster Linie visuelle Eindrücke beinhalten, stimulieren wir unser Traumbewusstsein auch, indem wir uns mit bildender Kunst beschäftigen. Ob die mystischen Gemälde des Mittelalters, die traumartigen Werke der Surrealisten oder abstrakte Formen und flächige Farben der modernen Kunst – indem wir unsere Aufmerksamkeit dieser Bilderwelt widmen, trainieren wir die Wahrnehmung für das Sonderbare, das hinter der Oberfläche des Alltäglichen durchschimmert.

Zu Bildern assoziieren

Besuchen Sie eine Kunstausstellung, und lassen Sie sich von Bild zu Bild treiben. Dort, wo Ihr Blick instinktiv hängenbleibt, halten Sie sich länger auf. Fragen Sie sich: Warum zieht gerade dieses Bild mich an? Welche Empfindungen löst es in mir aus? Welche Assoziationen zu meinem eigenen Leben tauchen auf? Lassen Sie das, was Sie sehen, zum Kern einer neuen Fantasie werden. Spinnen Sie die Geschichte weiter, oder verändern Sie im Geiste das, was Sie sehen. Wenn es die Darstellung zulässt, begeben Sie sich im Geiste in das Gemälde, gesellen Sie sich unter die Figuren, die Sie dort sehen, berühren Sie in Ihrer Vorstellung die Gegenstände, betreten Sie die Gebäude, und blicken Sie hinter Türen, die Ihnen als reinem Beobachter verschlossen bleiben. Welche Entdeckungen machen Sie? Welche Geheimnisse lüften Sie? Wem begegnen Sie? Natürlich können Sie diese Übung auch zu Hause mit Hilfe eines Bildbands durchführen.

Arbeiten Sie auch tagsüber mit Bildern aus Ihrer Traumwelt

Wenn Sie bereits Trauminhalte gesammelt haben, so sporadisch und bruchstückhaft sie auch sein mögen, dann nutzen Sie diese, um sie kreativ in den Wachzustand einzubauen. Je häufiger Sie sich mit den Inhalten Ihrer Träume auseinandersetzen, umso reichhaltiger, farbiger und plastischer werden auch Ihre Träume sein. Nutzen Sie jede Gelegenheit, um auch tagsüber mit den Inhalten eines Traums zu arbeiten – egal wie umfangreich das ist, woran Sie sich erinnern können. Malen Sie Szenen aus Ihren Träumen nach, verfassen Sie Gedichte darüber, oder schreiben Sie eine kurze Geschichte auf der Basis der Traumbilder. Oft genügt es schon, den Traum einem anderen Menschen zu erzählen und zu versuchen, ihn besonders spannend und farbenprächtig wiederzugeben.

Es mag auch hilfreich sein, sich ganz allgemein empfänglicher zu machen für das, was einen umgibt: Versuchen Sie, ein wenig dünnhäutiger zu werden, und versetzen Sie sich häufiger in andere Menschen. Halten Sie hin und wieder bewusst inne, und nehmen Sie wahr, was sich gerade um Sie herum befindet, ohne es zu bewerten oder zu analysieren. Vor allen Dingen aber: Freuen Sie sich auf die Nacht und auf das Eintauchen in die Traumwelt! Gehen Sie erwartungsfroh schlafen, und bitten Sie darum, sich am Morgen an Ihre Träume erinnern zu können!

Steigern Sie Ihr visuelles Vorstellungsvermögen

Nachweislich ist ein gutes visuelles Gedächtnis eine optimale Voraussetzung für Traumerinnerung. Es ist deshalb nicht verkehrt, auch am Tage diesen wichtigen Faktor der Traumerinnerung zu trainieren. Fangen Sie damit an, sich Ihren Tagträumen hinzugeben. Malen Sie sich Ereignisse aus, und lassen Sie sie wie in einem Kinofilm vor Ihrem geistigen Auge vorbeiziehen.

Nützlich sind auch Übungen wie die folgende, die das visuelle Vorstellungsvermögen sowie die Denkfähigkeit trainieren.

Das Vorstellungsvermögen trainieren

Schließen Sie die Augen, und stellen Sie sich einen Apfel oder irgendein anderes Obst vor.

Beantworten Sie im Geist für sich die folgenden Fragen: Wie sieht der Apfel genau aus? Wie ist seine Farbe? Wie groß ist der Apfel? Wie weit ist der Apfel entfernt? Wie realistisch ist der Apfel?

Fangen Sie nun an, die Eigenschaften des Bildes zu verändern: Lassen Sie den Apfel vor Ihrem geistigen Auge immer größer werden, bis er so groß ist wie Sie selbst. Wie viele Apfelkuchen könnten Sie mit diesem gigantischen Apfel wohl backen? Lassen Sie den Apfel jetzt immer kleiner werden, bis er so groß ist, dass er auf Ihre Fingerspitze passt. Schieben Sie schließlich den Apfel im Geist immer weiter weg, bis Sie ihn fast nicht mehr sehen können. Dann holen Sie ihn wieder so nahe an sich heran, bis er Ihre Nasenspitze berührt.

Stellen Sie sich die Geschichte des Apfels vor: Wo stand der Baum, auf dem er wuchs? Wer hat ihn gepflückt? Welche Wege musste er bis zu Ihnen zurücklegen? Wie gelangte er schließlich in Ihren Besitz? Was wird mit diesem Apfel passieren?

Diese Übung kann zu einem richtigen Tagtraum ausgedehnt werden – eine weitere, sehr effektive Möglichkeit, die Grenze zwischen Wachbewusstsein und Traumbewusstsein im Alltag zu erkunden. Tagträume unterscheiden sich von Nachtträumen in der Regel dadurch, dass sie eindeutig eine Reaktion auf Situationen sind, in denen wir uns langweilen. Ein Tagtraum hilft uns, den Alltag für einen Augenblick zu vergessen, ihm zu entfliehen. Nichtsdestoweniger haben Tagträume ganz ähnliche Eigenschaften wie ihre »großen Brüder«, die Träume im Schlaf: Auch hier entführt uns unsere Fantasie an entlegene Orte und erfüllt uns so manche Wünsche. Insgesamt aber bleiben sie eher Wunschträume und unter der Kontrolle unseres Wachbewusstseins, so dass es so etwas wie »Tag-Alpträume« in den seltensten Fällen geben dürfte: Es überwiegen die erfreulichen, entspannenden Inhalte. Doch genau diese universelle Fähigkeit des Menschen, in den Tag hinein zu träumen, können wir uns zunutze machen, um unser Traumbewusstsein zu stimulieren. Bei der folgenden Übung überlassen wir uns jedoch nicht einer spontanen Träumerei, um dem Alltag irgendwohin zu entfliehen, sondern wir gestalten unseren Tagtraum ganz bewusst, damit er uns an einen bestimmten Ort bringt.

Einen Tagtraum kreieren

Die Übung dauert etwa eine Stunde, stellen Sie sicher, dass Sie in dieser Zeit nicht gestört werden. Suchen Sie sich einen ruhigen, bequemen Platz, wo Sie sich entspannen können – möglichst im Sitzen, damit Sie nicht Gefahr laufen, tatsächlich einzuschlafen. Auf welche Weise Sie sich entspannen, bleibt Ihnen überlassen, in jedem Fall aber sollten Sie dabei die Augen schließen, um ablenkende visuelle Eindrücke so weit wie möglich auszuschalten. Vielleicht atmen Sie ein paarmal langsam durch die Nase ein und durch den Mund wieder aus und zählen dabei von zehn rückwärts. Mit jedem Ausatmen werden Sie sich innerlich und äußerlich mehr entspannen.

Wenn Sie sich ganz entspannt fühlen, dann stellen Sie sich vor Ihrem geistigen Auge einen Ort vor, an dem Sie noch nie zuvor gewesen sind, an dem Sie aber gerne einmal sein würden. Dabei genügt es nicht, einfach nur an diesen Ort zu denken – stellen Sie ihn sich so bildhaft wie möglich vor, malen Sie ihn sich so detailliert und farbig wie nur möglich aus. Denken Sie daran: Im Traum unterliegen Sie keinerlei Beschränkung, weder durch moralische noch durch natürliche Gesetze. Zeit und Raum sind aufgehoben, Sie können reisen, wohin auch immer Sie wollen, können sich mit Personen treffen, die längst verstorben sind oder noch gar nicht geboren. Jede Epoche der Kulturgeschichte steht Ihnen offen, selbst fremde Planeten und das Zentrum der Galaxie sind nur einen Atemzug entfernt. Die einzigen Grenzen sind diejenigen, die Sie sich selbst auferlegen. Egal, was Sie sich für Ihren Tagtraum vornehmen: Malen Sie es sich so konkret wie nur irgend möglich aus. Reisen Sie nicht einfach nach Spanien, sondern werden Sie genauer: Welcher Landstrich? Welche Stadt? Welche Straße? Wie ist das Wetter? Ist es Abend oder Morgen? Auch wenn Sie noch nie dort gewesen sind: Malen Sie sich in Ihrer Vorstellung jedes Detail aus.

Wenn Sie so weit sind, dann schalten Sie auch die übrigen Sinne in Ihren Tagtraum ein. Was hören Sie? Was riechen Sie? Was schmecken Sie? Was fühlen Sie? Gehen Sie jeden der Sinne durch, und schmücken Sie Ihren Traum mit immer weiteren Details aus – bis Sie damit absolut zufrieden sind. Jetzt beginnen Sie den Ort zu erkunden. Unternehmen Sie Streifzüge in jeden Winkel, der Sie interessiert. Denken Sie daran: Alles ist möglich! In Ihrem Tagtraum können Sie gehen, rennen, fliegen,

schwimmen, tauchen, springen, unsichtbar sein. Tun Sie
Dinge, die Sie schon immer einmal tun wollten, aber
noch nie getan haben. Begegnen Sie Menschen, die Sie
immer schon mal kennenlernen wollten. Tun Sie sich vor
allen Dingen etwas Gutes!

Vielleicht gelingt Ihnen der Tagtraum nicht auf Anhieb und nicht gleich beim ersten Mal. Gezieltes Tagträumen ist auch Übungssache. Wiederholen Sie deshalb diese Übung, sooft Sie es sich erlauben wollen. Wichtig ist, dass Sie sich dabei etwas vornehmen: Suchen Sie sich konkrete Ziele aus, etwas, was Sie sich schon immer erfüllen wollten. Lassen Sie es im Tagtraum Wirklichkeit werden!

Vor dem Einschlafen

Die Grenze zwischen Wachen und Schlafen ist ein zartes Gebilde. Hier sind sowohl die Welt des Traums als auch die des Wachens gegenwärtig und greifen ineinander über. Wie verletzlich wir beim Überqueren dieser Grenze sind, wird allein dadurch sichtbar, dass die meisten Schlafstörungen in Wirklichkeit Einschlafstörungen sind. Dies geschieht immer dann, wenn unser Wachbewusstsein die Kontrolle nicht aufgeben möchte und uns immer wieder in den Zustand des Wachens zurückholt.

Der Übergang von der einen in die andere Welt wird oft begleitet von den bereits erwähnten hypnagogen Halluzinationen, den Einschlafträumen, die typischerweise vom Kontrollverlust über unsere Vorstellungen gekennzeichnet sind. Es geht jetzt darum, loszulassen, denn nur dann können wir unsere Reise auf die andere Seite der Grenze antreten. Dabei müssen wir mit dem gleichen Respekt und der gleichen Vorsicht vorgehen, die wir schon im Wachbewusstsein dem Traumbewusstsein entgegengebracht haben. Wir können nichts erzwingen! Wir wollen das Traumland nicht wie ein Eroberer betreten, sondern wie ein Gast. Aufmerksamkeit ist auch hier der Schlüssel.

Manchen Menschen hilft es, wenn sie vor dem Einschlafen noch einmal ins »Kopfkino« gehen und den vergangenen Tag Revue passieren lassen. Stellen Sie sich den gesamten Tagesablauf vom Erwachen bis zum Zubettgehen noch einmal bildhaft und in so vielen Einzelheiten wie nur irgend möglich vor. Spüren Sie nach, was Sie gefreut, geärgert, deprimiert und aufgebaut hat. Auf diese Weise stimmen Sie sich auf die Bildhaftigkeit des Traumerlebens ein.

Überschreiten Sie die Grenze bewusst

Erinnern Sie sich daran, wie Sie letzte Nacht eingeschlafen sind? Für die meisten Menschen ist es eher ungewöhnlich, sich an das Einschlafen selbst zu erinnern. Doch bis zu einem gewissen Grad ist das möglich – wir müssen nur unsere Aufmerksamkeit darauf lenken. Versuchen Sie das nächste Mal auf die Geräusche zu achten, die Sie während des Einschlafens hören. Vielleicht tickt eine Uhr? Vielleicht hören Sie den Wind um Ihr Haus streifen? Oder irgendwo in der Ferne läuft Musik? Lassen Sie Ihre Aufmerksamkeit auf dieser Wahrnehmung ruhen, ganz sanft und ohne Anstrengung. Lassen Sie das, was Sie hören, wie eine Hintergrundkulisse für den Übergang von der einen auf die andere Seite sein. Vielleicht können Sie diesen Zustand noch intensiver erleben, indem Sie Ihre Wahrnehmung auf etwas Bestimmtes richten, z. B. auf ein Bild vor Ihrem inneren Auge.

Bitte denken Sie daran, dass es nicht darum geht, etwas zu erzwingen oder eine Prüfung zu bestehen. Es geschieht einfach – oder eben nicht. Es kommt nicht darauf an, bestimmte Ergebnisse zu erzielen, sondern wir wollen uns der Grenze zwischen

Wachen und Schlafen bewusster werden und ihr mehr Wertschätzung entgegenbringen. Bleiben Sie einfach am Ball, und versuchen Sie es immer wieder. Bedenken Sie, wie oft Sie eingeschlafen sind, ohne dem Übergang Aufmerksamkeit zu schenken. Dieser Gewohnheit müssen Sie nun nach und nach etwas entgegensetzen. Das braucht seine Zeit. Im Laufe Ihrer Traumarbeit werden Sie feststellen, dass es einen Unterschied im Traumerleben ausmachen kann, ob Sie vorher Zeuge Ihres Einschlafens gewesen sind oder nicht.

Wenn Sie schon mit der Traumarbeit begonnen haben, ist es auch ratsam, sich vor dem Einschlafen den Traum der vorangegangenen Nacht noch einmal durchzulesen. Denken Sie darüber nach, ob und wie sich dieser Traum im gerade zu Ende gegangenen Tag gespiegelt hat. Suchen Sie nach Bezügen, aber auch nach offenen Fragen. So machen Sie sich im Vorfeld für die Erfahrungen der Traumwirklichkeit empfänglich.

Stimmen Sie sich mit Autosuggestionen auf die Traumerinnerungen ein

Bevor Sie in das Reich der Träume tauchen, bitten Sie den Schlaf oder Ihr Traum-Ich oder eine sonstige Instanz, Ihnen einen Traum zu schicken, an den Sie sich in der Frühe erinnern können. Dies funktioniert besonders gut, wenn Sie sich bereits kurz vor dem Einschlafen befinden und völlig entspannt sind. Sie können sich dann auch mit einer der folgenden Autosuggestionen auf die Traumerinnerung einstimmen:

- »Ich bereite mich darauf vor, die Bilder, die mir im Traum zuteil werden, als wichtige Botschaften anzuerkennen.«
- »Ich bin bereit, die Botschaften des Traums zu empfangen und zu verstehen.«

- »Ich erwache morgen früh und bin ganz überrascht, wie klar und deutlich ich mich an alle Einzelheiten meines Traums erinnere.«
- »Ich erwache morgen früh und bin ganz überrascht, welche spannenden und weisen Antworten auf wichtige Fragen meines Lebens mein Unbewusstes mir im Traum geschickt hat.«
- »Ich muss mich nicht an meine Träume erinnern, aber ich werde gerne willkommen heißen, was auch immer mir im Traum begegnet.«
- »Ich werde bald eingeschlafen sein und zu träumen beginnen. Und wenn es dann in Ordnung ist, werde ich mir erlauben, mich in der Frühe an meine Traumbilder zu erinnern.«

Und in ganz hartnäckigen Fällen probieren Sie es doch einmal damit:

- »Ich werde am nächsten Morgen alles versuchen, meine Träume so schnell wie möglich wieder zu vergessen!«

Nach dem Aufwachen

Nicht nur das Einschlafen, auch das Aufwachen ist als Übergang von der einen in die andere Wirklichkeit mit besonderer Aufmerksamkeit zu behandeln. Dabei gehen wir mit der Rückkehr aus dem Reich der Träume oft ganz besonders unsanft um. Viele Menschen scheinen es gar nicht erwarten zu können, sich aus der Umklammerung des Schlafes zu befreien, und springen, kaum dass sie die Augen geöffnet haben, schon aus dem Bett. Bei anderen wiederum schrillt der Wecker und reißt sie aus dem tiefsten Schlummer. Noch ganz benommen, zwingen sie sich dazu, ihrem Wachbewusstsein wieder die Kontrolle über das Geschehen zu geben, obwohl sie sich eigentlich in der Traumwelt ganz wohl gefühlt haben. Dies ist der Tribut an die Dominanz des Wachseins in unserer Kultur. Viele halten es für wichtiger, möglichst lange wach zu sein, als sich genügend Schlaf und damit Zeit zum Träumen zu gönnen. »Schlafen kann ich, wenn ich tot bin!«, so lautet der Schlachtruf des modernen Workaholic.

Doch das Traumbewusstsein kennt keine solchen klaren, harten Spielregeln. Es lebt im Reich des Zwielichts, in dem Grenzen verschwimmen und Gestalten ihre Form verlieren können. Die Welt des Wachbewusstseins kennt nur »Ja« oder »Nein«, will handeln und etwas zuwege bringen, will Kontrolle. Das Traumbewusstsein hingegen lebt aus dem »Vielleicht« heraus, liebt es, die Dinge sich entwickeln zu lassen, und fügt sich in die Prozesse ein. Beide Welten gehören zu uns, nur wenn wir beide Welten in uns gleich wertschätzen, sind wir vollständig. Beim Einschlafen wie beim Aufwachen überschreiten wir die Grenze zwischen diesen beiden Welten. Geschieht dies bei der Rückkehr ans Licht des Wachbewusstseins zu abrupt, verletzen wir unser Traumbewusstsein. Die Folge: Unsere Träume haben keine Chance, sich uns in all ihrer Pracht zu entfalten.

Daher lautet das oberste Gebot der Traumarbeit: Nehmen Sie sich Zeit für Ihre Rückkehr aus der Welt der Träume! Wachen Sie behutsam auf!

Traumarbeit beginnt beim Aufwachen

Lassen Sie sich nicht von lauten und schrillen Weckern aus dem Schlaf reißen. Auch Musikradios sind der Tod eines jeden Traums, denn wenn Sie gleich mit den morgendlichen Nachrichten und neusten Hits versorgt werden, sind Sie schneller wieder im Wachbewusstsein, als jeder Traum sich halten kann. Beginnen Sie Ihre Traumarbeit am besten an Tagen, an denen

Sie ausschlafen können. Wenn das Erinnern von Träumen für Sie alltäglicher geworden ist, werden Sie von selbst einen Weg finden, sanft aus dem Schlaf zu kommen und gleichzeitig den Anforderungen des täglichen Lebens gerecht zu werden. Manche Menschen können sich darauf trainieren, bereits vor dem Weckerklingeln zu erwachen.

Es ist wichtig, dass Sie die Aufwachphase möglichst ungestört verbringen – der Traum ist ein zartes Gespinst, das von den geringsten äußeren Einflüssen zerrissen werden kann! Stehen Sie nicht sofort auf, wenn Sie erwacht sind, sondern bleiben Sie einige Minuten in der Stellung liegen, in der Sie sich gerade befinden, und zwar mit geschlossenen Augen. Versuchen Sie, Ihre Aufmerksamkeit ganz bei den Bildern der Nacht zu behalten. Bleiben Sie bei Ihrem Traum, und spüren Sie ihm nach. Meditieren Sie über den Traumbildern, ohne sie zu bewerten. Atmen Sie dabei ruhig ein und aus. Vielleicht schlafen Sie auch wieder ein. Dann sollten Sie dies aber mit dem Wunsch tun, den Traum zu vertiefen oder sogar weiterzuträumen. Vor allen Dingen aber: Genießen Sie das sanfte Hinübergleiten aus dem Reich des Traums. Beobachten Sie, was für einen wohltuenden Unterschied es macht, sich diesen Übergang zu gönnen, anstatt von einem Zustand in den nächsten zu hetzen! Mancher Zeitgenosse mag diese Art des Aufwachens genauso schwierig finden, wie es anderen schwerfällt, einzuschlafen. Hier gilt mal wieder die Empfehlung: Üben Sie sich darin! Auch das traumfreundliche Aufwachen will gelernt sein.

Es ist übrigens auch sehr hilfreich, sich schon in der Aufwachphase einen Titel für den Traum auszudenken: Dieser Titel sollte die wichtigsten Stichworte des Traumgeschehens enthalten, etwa »Ich bin der Dieb«, »Die Alte im Souvenirladen«, »Der Hase auf der Flucht« etc.

Notieren Sie Ihren Traum

Anfangs kostet es vielleicht ein wenig Überwindung, sofort nach dem Aufwachen zu Papier und Stift zu greifen, aber es ist unverzichtbar für alle Reisenden ins Reich der Träume. Es ist das A und O der Traumarbeit, daran führt kein Weg vorbei.

Machen Sie es sich zur Gewohnheit, neben dem Bett stets einen Notizblock und Schreibzeug griffbereit zu haben! Verschwenden Sie keine Zeit: Schreiben Sie sofort alles auf, was Ihnen in den Sinn kommt! Wenn Sie manche Details nicht beschreiben können, dann fertigen Sie einfach eine Skizze an. Achten Sie nicht auf Leserlichkeit oder Schönschrift, suchen Sie nicht nach passenden Ausdrücken oder guten Formulierungen – schmieren und skizzieren Sie drauflos. Schon allein aus diesem Grunde sollte ein solcher Notizblock nicht zu klein sein. Manche verwenden reinweißes Papier, andere kritzeln lieber auf kariertem Papier. Liniertes Papier scheint weniger gut geeignet zu sein, weil es zu sehr die Schriftgröße vorgibt. Hier muss jedoch jeder selbst herausfinden, was ihm am liebsten ist.

Wem es gar nicht gelingt, morgens etwas aufzuschreiben, der kann auch ein Diktiergerät einsetzen. Bedenken Sie jedoch, dass die schriftliche Form dem Traumbericht angemessener ist und schon beim Schreiben Prozesse in Gang gesetzt werden, die die Erinnerung an den Traum fördern – der Traum geht gewissermaßen in Fleisch und Blut über. Noch einmal: Die Form der ersten Notizen ist völlig egal!

Jedes kleine Stück Erinnerung ist wichtig

Wenn Sie am Anfang der Traumarbeit stehen, kann es vorkommen, dass Sie sich nur an Bruchstücke erinnern können, die vielleicht keine großartigen Zusammenhänge aufweisen – das ist völlig normal. Würdigen Sie auch diese Fragmente als Botschaften aus der Traumwelt, und schreiben Sie sie auf! Manchmal enthalten selbst die kleinsten Traumpartikel wichtige Informationen und dürfen auf keinen Fall verloren gehen. Nicht selten taucht die Erinnerung an weitere Einzelheiten im Laufe des Tages von alleine auf. Durch das Notieren selbst der kleinsten Bruchstücke beginnen Sie sich langsam, aber sicher auf eine bessere Traumerinnerung zu programmieren.

Auch wenn Sie sich mit zunehmender Übung an immer längere Passagen Ihrer Träume erinnern werden: Träume sind immer nur Erinnerungen und als solche grundsätzlich fragmentarisch, nur die Länge und die Genauigkeit der Bruchstücke Ihrer Erinnerung verändern sich mit der Zeit. Setzen Sie sich also nicht unter Druck, denn Sie sind schon auf dem richtigen Weg, wenn Sie sich überhaupt erst einmal an etwas erinnern. Beginnen Sie einfach Ihre Traumarbeit mit dem, was Sie haben.

Malen Sie sich Bilder aus, suchen Sie Metaphern

Sie können ruhig kreativ werden. Was auch immer aus dem Traum für Sie übrig geblieben ist: Stellen Sie etwas damit an! Halten Sie sich vor Augen, dass es bei der Arbeit mit Träumen nicht darum geht, Fakten zu sammeln und den Traum so objektiv wie möglich wiederzugeben. Die Welt des Traums ist die Welt der Fantasie – warum also sollten Sie diese nicht auch nutzen, wenn es darum geht, dem Traum eine Gestalt zu geben? Wenn es nur ein Bild ist, malen Sie sich weitere Einzelheiten aus, nehmen es als Keim für eine fantastische Geschichte oder bauen es auf irgendeine Weise in Ihren Alltag ein. Auf diese Weise zeigen Sie Ihrem Traumbewusstsein, wie wichtig Ihnen selbst die kleinsten Hinweise sind, die es Ihnen schenkt, und Sie demonstrieren Ihrem Wachbewusstsein, dass Sie sich gerne an der Grenze zwischen den beiden Welten aufhalten.

Manchmal bleibt nach dem Erwachen nicht einmal mehr ein Bild übrig, sondern nur ein mehr oder weniger bestimmbares Gefühl. Auch das ist völlig in Ordnung! Wenn alles, was Sie aus Ihrer nächtlichen Reise durch das Traumland mitbringen, ein Gefühl ist – dann arbeiten Sie mit diesem! Ein Grundsatz der Traumerinnerung besagt: Gefühle sind oft wichtiger als Traumbilder! Denn erst die begleitenden Gefühle machen den Traum zu einem individuellen Erlebnis. Machen Sie sich das Gefühl bewusst, das der Traum in Ihnen ausgelöst hat, und benennen Sie es: Angst, Verzweiflung, Wut, Trauer, Glück, Heiterkeit etc. Notieren Sie dieses Gefühl – und verwandeln Sie es in ein Bild! Kehren Sie den Prozess einfach um, und suchen Sie nach einer Metapher, die dieses Gefühl für Sie am treffendsten beschreiben kann. Vielleicht fühlen Sie sich wie nach einem Spaziergang auf Wolken? Oder Sie sind ehrfürchtig gestimmt wie beim Besuch einer Kirche? Oder Sie sind aufgewühlt wie die Wogen einer stürmischen See? Legen Sie jegliche Hemmungen ab, wenn Sie nach einem Bild für dieses Gefühl suchen, entfesseln Sie Ihre Fantasie!

Führen Sie ein Traumtagebuch

Ob nur ein Bruchstück, ein Bild für ein Gefühl oder ein ganzer, langer Traum: Im Laufe des Tages können Sie das alles in ein speziell für diese Zwecke angelegtes Traumtagebuch übertragen. Zumeist fallen einem dabei noch weitere, wichtige Einzelheiten ein – das ist nicht ungewöhnlich, denn es ist bekannt, dass man sich an einen großen Teil der Träume überhaupt erst im Laufe des Tages erinnert, z. B. durch spontane Hinweise. Das Traumtagebuch kann außerdem dazu dienen, die Träume zu systematisieren und zu deuten. In jedem Fall aber wird das Führen eines solchen Buches die Traumerinnerung erheblich verbessern, weil Sie sich auch tagsüber aktiv mit Ihrem Traum auseinandersetzen. Mehr über die Arbeit mit dem Traumtagebuch erfahren Sie im Kapitel »Träume festhalten«.

Erzählen Sie den Traum

Für den Fall, dass Sie mal Zettel und Stift nicht parat haben, hat es sich bewährt, den Traum gedanklich in allen Einzelheiten zu wiederholen und ihn dann so schnell wie möglich einem anderen Menschen zu erzählen. Dann ist der Traum so weit in Ihr Langzeitgedächtnis übergegangen, dass Sie ihn später aufschreiben können. Diese Methode kann auch zusätzlich zum Aufschreiben die Traumerinnerung festigen. Am besten, Sie erzählen den Traum gleich Ihrem Partner oder einem anderen Menschen, mit dem Sie sich regelmäßig über Ihre Träume austauschen. Lassen Sie sich auch Fragen zu Einzelheiten des Traums stellen, und nutzen Sie die Gelegenheit, sich intensiv mit den Bildern Ihrer Traumwelt auseinanderzusetzen.

Wenn der Traum nicht kommen will ...

Wer sich ernsthaft mit seinen Träumen befasst, wird sich mit der Zeit nicht nur an seinen letzten Traum in der Nacht erinnern, sondern auch an die Träume der vorangehenden REM-Phasen. Die meisten wachen kurz nach dem Traumschlaf auf und können dann aber problemlos und ohne Schlafverlust weiterschlafen.

Sollten Sie in der Nacht von einem Traum erwachen – nutzen Sie unbedingt die Gelegenheit! Wie bereits erläutert wurde, unterscheiden sich die Träume der früheren REM-Phasen von den Träumen der frühen Morgenstunden: Ihre Botschaften sind oft konkreter und eindeutiger an dem Geschehen des Vortags ausgerichtet. Notieren Sie auch diese Träume, zumindest in Stichworten. Mit einiger Übung müssen Sie dazu noch nicht einmal richtig wach werden, geschweige denn Licht machen – Sie müssen nur Ihren Notizblock »im Schlafe« finden! Wenn Sie niemanden damit stören, können Sie natürlich auch ein Diktiergerät verwenden. In der Frühe werden Sie erstaunt sein, was Ihnen die frühen REM-Phasen mitzuteilen haben!

Lassen Sie sich in der Traumphase wecken

Die Tatsache, dass wir mehrmals pro Nacht träumen, können Sie sich zunutze machen, wenn es mit der Traumerinnerung so gar nicht klappen will. Machen Sie dazu folgendes Experiment: Da es einen etwa 90-minütigen Zyklus der REM-Phasen gibt, können Sie sich von Ihrem Wecker aus dem Traumschlaf klingeln lassen – stellen Sie ihn kurz vor dem Einschlafen auf eineinhalb Stunden später ein (oder auf drei Stunden, viereinhalb Stunden etc.)! Sie werden dann zwar wahrscheinlich aus Ihrem Traum gerissen, aber so können Sie Ihrem Bewusstsein klarmachen, dass es sehr wohl zu träumen in der Lage ist – und sich an Träume erinnern kann. Wichtig ist auch hier, dass Sie zunächst in der Position verharren, in der Sie erwachen. Dann notieren Sie die wichtigsten Gefühle und Stichworte. Nun drehen Sie sich wieder um und schlafen weiter. Selbstverständlich sollten Sie dies nicht zur Gewohnheit machen, und am besten verlegen Sie dieses Experiment auf ein Wochenende.

Rufen Sie den Traum mit einem Ritual

Auch wenn Sie es bereits gewohnt sind, sich an Träume zu erinnern, kann es Situationen geben, in denen es Ihnen besonders wichtig ist. In diesem Fall können Sie Einschlafen und Aufwachen mit einem kleinen Ritual begleiten, das eher symbolischen Charakter hat. Doch gerade symbolische Handlungen sprechen das bildhafte Denken unseres Traumbewusstseins gezielt an und laden den Traum ein, sich uns zu offenbaren. In vielen Kulturen, die dem Traum einen großen Stellenwert einräumen, helfen Rituale wie das folgende, um die Traumerinnerung zu steigern.

Bevor Sie zu Bett gehen, füllen Sie ein Glas mit Wasser. Trinken Sie die Hälfte davon, und stellen Sie dann das Glas neben Ihr Bett auf den Nachttisch. Während Sie das Wasser trinken, bekräftigen Sie innerlich Ihre Absicht, am folgenden Morgen den Rest des Wassers zu trinken und sich an Ihre Träume zu erinnern. Wenn Sie dann einschlafen, wiederholen Sie diese Absicht. Wenn Sie mögen, können Sie diese Absicht auch auf den Notizblock schreiben, den Sie sich zum Aufschreiben des Traums bereitgelegt haben. Egal wie: Bekräftigen Sie Ihre Absicht, sich am nächsten Morgen an Ihren Traum zu erinnern, indem Sie noch im wachen Zustand Ihr Bewusstsein darauf programmieren. Je klarer Sie diese Absicht zum Ausdruck bringen, umso wahrscheinlicher wird Ihr Traumbewusstsein mit Ihrem Wachbewusstsein kooperieren. Wenn Sie dann am nächsten Morgen aufwachen, trinken Sie sofort das restliche Wasser! Das abendliche Versprechen, sich an Ihre Träume zu erinnern, wird sich erfüllen. Nun müssen Sie nur noch Ihre Traumerlebnisse zu Papier bringen.

Vielleicht gelingt Ihnen dies nicht sofort beim ersten oder zweiten Mal. Doch bleiben Sie am Ball, und üben Sie dieses Ritual häufiger aus, so steigen die Aussichten auf den Erfolg.

Fördern Sie mit Objekten die Traumerinnerung

Kristallen sagt man nach, dass sie Informationen speichern können. Ob dies der Wahrheit entspricht oder nicht, spielt für uns keine Rolle, denn für unser Traumbewusstsein ist das möglich, und wir können Kristalle daher in diesem Sinne nutzen. Besorgen Sie sich einen Quarzkristall, z. B. einen Bergkristall. Er sollte nicht zu groß sein. Wenn Sie sich zum Schlafen hinlegen, legen Sie den Stein unter Ihr Kopfkissen und bitten ihn, Ihnen zu helfen, sich am nächsten Morgen an Ihre Träume zu erinnern. Es ist wichtig, dass Sie Ihre Absicht, sich erinnern zu wollen, deutlich und klar formulieren. Sagen Sie z. B. so etwas wie: »Mit deiner Hilfe werde ich mich an meine Träume erinnern.« Nehmen Sie sich wenigstens eine Woche Zeit, um diese Methode auszuprobieren. Wie verändert sich Ihr Traumleben, wenn Sie einen Stein unter dem Kopfkissen liegen haben? Experimentieren Sie auch mit unterschiedlichen Steinen: Macht es einen Unterschied, wenn Sie einen Rosenquarz verwenden? Oder einen Rauchquarz? Halten Sie Ihre Erfahrungen und alle Varianten des Experiments in Ihrem Traumtagebuch fest.

Natürlich können Sie auch mit anderen Gegenständen experimentieren. Vielleicht haben Sie ein Stück Holz vom letzten Spaziergang mitgebracht oder ein paar Blätter von einem Baum. Oder Sie legen einen Brief oder ein Foto unter das Kissen – jeder Gegenstand, der für Sie eine gewisse Bedeutung besitzt, ist den Versuch wert.

Eine weitere Idee, um die Traumerinnerung zu fördern, nutzt unseren Geruchssinn. Dazu werden kleine, mit Kräutern gefüllte Kissen unter oder neben den Kopf gelegt. Mehr darüber finden Sie im Kapitel »Traumpflanzen«.

Träume festhalten

Das Traumtagebuch ist das wohl wichtigste Utensil der aktiven Traumarbeit und nach der Erinnerung der zweite Teil der Vorbereitung auf die Traumdeutung (siehe S. 75 ff.). Im Traumtagebuch wird auf der Basis unserer noch im Halbschlaf hingekritzelten Notizen der Traum, an den wir uns erinnern, niedergeschrieben. Doch es soll unsere Träume nicht nur archivieren, sondern es ist auch Ausgangspunkt und Arbeitsgrundlage für alle, die der Bedeutung ihrer Träume auf die Spur kommen wollen.

Wie so ein Traumtagebuch auszusehen hat, ist reine Geschmackssache. Manchen genügt ein einfaches Ringbuch, andere ziehen es vor, ihre Träume in einem edlen Einband auf besonderem Papier zu verewigen – wofür auch immer Sie sich entscheiden: Das Tagebuch soll Ihnen die Traumarbeit erleichtern und Ihnen Lust machen, sich hinzusetzen und etwas hineinzuschreiben.

Allgemeine Tipps für das Traumtagebuch

Bevor wir uns damit beschäftigen, wie Sie am besten einen Traumeintrag aufbauen, möchte ich Ihnen ein paar allgemeine Tipps zum Traumtagebuch geben.

Nehmen Sie sich für das Aufschreiben der Träume in Ihr Traumtagebuch Zeit – mindestens eine Viertelstunde! So viel Zeit muss sein, um den Traum als Botschaft aus der inneren Landschaft zu würdigen. Viele Menschen empfinden es als hilfreich, wenn sie sich einen festen Zeitpunkt für die Arbeit am Traumtagebuch vornehmen, z. B. gleich nach dem Frühstück. Welcher Zeitpunkt der richtige ist, muss jeder für sich selbst entscheiden.

Schreiben Sie Ihren Traum in der Gegenwartsform auf. Das erleichtert es Ihnen, sich in die Stimmung des Traums hineinzuversetzen. Auch wird dadurch noch einmal die Erinnerung angeregt, und das eine oder andere vergessene Detail kann wieder zum Vorschein kommen.

Vermeiden Sie den Telegrammstil. Formulieren Sie ganze Sätze, und gestalten Sie den Traum als einen zusammenhängenden

Text. Dadurch würdigen Sie den Traum nicht nur als eine eigene Wirklichkeit, sondern Sie beginnen auch, sich kreativ mit ihm auseinanderzusetzen und sich so stärker mit ihm zu identifizieren. Dies stärkt das Erleben der Traumwirklichkeit und fördert die Traumerinnerung ganz erheblich!

Kein Traum ohne Schlussfolgerung! Machen Sie sich diesen Satz zum Gebot Ihrer persönlichen Traumarbeit. Wenn wir davon ausgehen, dass Träume Botschaften für uns bereithalten, dann ist es wichtig, unsere Sinne dafür zu schärfen. Manchmal ist uns eine solche Botschaft ziemlich klar: Sie kann in einer Forderung bestehen, dieses oder jenes zu tun oder nicht mehr zu tun oder diese oder jene Entscheidung endlich zu treffen. Nicht selten verbirgt sich dahinter eine Aufforderung zur Veränderung der bisherigen Lebenssituation. Notieren Sie diese Botschaft, und versuchen Sie, für sich einen ersten Schritt für den Alltag daraus abzuleiten: Was können Sie als Nächstes und noch heute tun, um die Botschaft des Traums umzusetzen? Wenn Sie am Anfang Ihrer Traumarbeit stehen, dann mag Ihnen möglicherweise noch das Vertrauen in den Traum fehlen, und Sie ahnen mehr, was der Traum Ihnen zu sagen hat, als dass Sie sich sicher sein können oder wollen. Lassen Sie sich Zeit! Bis der Traum eine deutliche Sprache zu uns spricht und wir das Gefühl entwickelt haben, uns auf ihn verlassen zu können, braucht es eine Weile.

Ihr Traumtagebuch sollte für andere Menschen tabu sein! Was Sie in dieses Buch eintragen, geht nur Sie etwas an und sonst niemand anderen! Widerstehen Sie selbst auch dem Wunsch, es anderen Menschen zu zeigen – dies könnte sonst leicht als Einwilligung verstanden werden, auch ohne Erlaubnis mal darin zu blättern. Der Grund: Alles, was Sie in dieses Tagebuch schreiben, sollte Ihre Gefühle, Hoffnungen und Wünsche so schonungslos und authentisch darstellen, wie es nur geht. Wenn wir auch nur daran denken, dass andere in diesem Tagebuch lesen könnten, werden wir anfangen, nicht mehr ehrlich zu uns selbst zu sein, sondern laufen Gefahr, die Träume zu zensieren. Damit führen wir die Traumarbeit ad absurdum. Bewahren Sie das Traumtagebuch am besten in einem Versteck auf.

Was ein Traumtagebuch enthalten sollte

Wenn Sie sich bei den Einträgen in Ihr Traumtagebuch nach folgendem Schema richten, schaffen Sie sich eine gute Ausgangslage für die weitere Entfaltung Ihrer Traumarbeit:

Datum, Uhrzeit, Ort: Diese Daten sollten nicht fehlen. Zum einen erlauben sie, eine Zeitlinie der Träume zu erstellen, und zum anderen können wir so auch im Rückblick unsere Träume leichter mit den Geschehnissen unseres alltäglichen Lebens verknüpfen und Zusammenhänge herstellen.

Nummer: Es empfiehlt sich, die Träume zu numerieren – so kann man sich bei Querverweisen schneller auf sie beziehen.

Titel: Der Titel des Traums ist mehr als bloß eine Überschrift – er sollte in einer knappen Aussage das Wesen des Traums erfassen – wie eine Schlagzeile über einem Zeitungsartikel. Schon der Titel soll uns in die Grundschwingung des Traums, den er umschreibt, versetzen können und ihn eindeutig charakterisieren. Dieser Titel entsteht am besten unmittelbar im Zusammenhang mit der ersten Traumerinnerung nach dem Erwachen.

Traumbericht: Hier schreiben Sie die Geschichte Ihres Traums auf der Grundlage Ihrer Notizen. Der Raum für den Bericht sollte großzügig bemessen sein, damit auch Skizzen und Zeichnungen Platz finden.

Grundgefühl des Traums: Unterschätzen Sie das Gefühl nicht! Versuchen Sie das Grundgefühl des Traums so treffend wie nur möglich zu beschreiben, denn es ist der eigentliche Schlüssel zur Bedeutung Ihres Traums.

Traumart: Die Traumart spielt eine wesentliche Rolle. War es ein Alptraum? Ein Klartraum? Gab es luzide Momente? War es ein Wiederholungstraum? Ist der Traum Teil einer Traumserie?

Wichtige Stichworte/Schlagworte/Symbole: Notieren Sie hier die Traumbilder, die einen besonderen Eindruck bei Ihnen hinterlassen haben.

Assoziationen: Für diesen Bereich sollten Sie den meisten Platz in Ihrem Traumtagebuch reservieren, denn hier schreiben Sie alles auf, was Ihnen durch den Kopf geht, wenn Sie den Traum betrachten: Erinnerungen, Assoziationen, Empfindungen, Gedanken etc.

Querverweise auf andere Träume: Wenn Ihnen Parallelen zu anderen Träumen auffallen, dann können Sie hier z. B. die entsprechenden Nummern notieren. So schaffen Sie einen schnellen Überblick und können leichter Verbindungen herstellen.

Botschaft: Schreiben Sie hier auf, was Sie für die Botschaft des Traums halten. Vielleicht sehen Sie ja auch schon, welche ersten Schritte Sie zur Umsetzung des Traums im Alltag unternehmen können. Auch wenn Sie sich nicht sicher sind, formulieren Sie zumindest mögliche Botschaften, setzen Sie einfach dicke Fragezeichen dahinter!

Nachträgliche Erinnerungen, Einsichten und Fundstücke: Dieser Bereich ist besonders wichtig, denn oftmals bekommen wir wichtige Erkenntnisse zu einem Traum erst Tage später. Oder es eröffnen sich neue Perspektiven in einem Gespräch über den Traum. Möglicherweise haben Sie auch interessante Erlebnisse im Zusammenhang mit dem Traumgeschehen. Sie sollten deshalb ausreichend Raum für Nachträge lassen.

Arbeiten Sie regelmäßig mit dem Traumtagebuch

Nehmen Sie Ihr Traumtagebuch regelmäßig in größeren Zeit-abständen zur Hand, z. B. jeden Monat oder alle drei Monate, und gehen Sie noch einmal alle Träume dieses Zeitraums durch. Notieren Sie sich Ihre Gedanken dazu – sozusagen als eine Art »Zwischenbericht« –, und achten Sie darauf, ob sich bestimmte wichtige Symbole herauskristallisieren. Schauen Sie, ob sich Verhaltensmuster Ihres Traum-Ichs wiederholen oder verän-dern, und überlegen Sie vor allen Dingen, ob es Veränderungen in Ihren Lebensumständen gab, die mit den Botschaften der Träume in Verbindung stehen.

Diese Zusammenfassungen ermöglichen es Ihnen, Stadien einer Entwicklung zu erkennen, und können Ihnen helfen, die nächs-ten notwendigen Schritte herauszuarbeiten.

Den Inhalt des Traums untersuchen

Sie haben in den vergangenen Kapiteln erfahren, wie Sie es an-stellen, sich an Ihre Träume zu erinnern und wie Sie Ihr Traum-tagebuch sinnvoll führen. Nun haben Sie vermutlich einen Traum oder mehrere Träume vor sich liegen. Kommen wir also zum nächsten Schritt der erfolgreichen Traumdeutung und widmen uns dem Inhalt Ihrer Träume.

Die Traumquellen aufspüren

Zunächst sollten Sie sich über mögliche Traumquellen klarwer-den. Dies hilft dabei, die Bedeutsamkeit der einzelnen Traum-bilder einzuordnen.

Eine Träumerin berichtet:

Ich befinde mich mit meinem Freund im Zentrum eines kleinen Ortes in den Bergen mit engen und steilen Gassen. Es ist Abend und dunkel, doch es herrscht eine sommerliche Atmosphäre. Keine anderen Menschen sind zu sehen. Wir kommen an einer Kirche vorbei mit einem sehr schlanken Kirchturm, und ich sage mir: »Hier ist es!« Wir sind auf der Suche nach einem Geschäft. Ich kenne den Weg und sage: »In der übernächsten Gasse müssen wir nach rechts«, meine aber eigentlich nach links und korrigiere mich daraufhin. Typisch! Wir finden das Geschäft – es ist eine Art Souvenirladen, der vollgestopft ist mit allem möglichen Tand. Er wird geleitet von einer Frau, die mich sehr stark an Antonia erinnert, eine alte Schulkameradin. Wir unterhalten uns über Strickmuster und über das Häkeln. »Antonia« ist auf einmal sehr alt, und sie versucht zu häkeln, aber sie stellt sich sehr ungeschickt an: Sie macht lediglich lauter Knoten in einen langen Wollfaden. Ich zeige ihr, wie es geht, und wundere mich, dass man in dieser Gegend diese ganz normale Technik nicht kennt. Wir unterhalten uns gut, es ist eine angenehme, interessierte Atmosphäre. Schließlich verabschieden wir uns, und ich nehme noch ein paar CDs für das Auto mit.

In dieser Traumsequenz sind Eindrücke aus dem vergangenen Tag vorhanden, z. B. die Suche nach den CDs für das Auto und die Verwechslung von links und rechts. Die Träumerin berichtete von ähnlichen Episoden. Auch der Kirchturm war der Träumerin am Tag zuvor in einer Fernsehdokumentation begegnet. Außerdem stand ein Urlaub mit ihrem Freund bevor, den sie im Traum sozusagen vorweggenommen hatte.

Die gesamte Situation kann deshalb als eine Anspielung auf die gegenwärtige Lebenssituation verstanden werden. Die Verwechslung der Richtungen deutete die Träumerin als Anspielung auf ihre momentane Orientierungslosigkeit und die daraus resultierende Neigung, anfänglich Fehlentscheidungen zu treffen.

Erinnerungen aus der Vergangenheit sind in Gestalt der ehemaligen Schulkameradin vorhanden. Auch das Häkeln und Stricken sind Erinnerungen an den Handarbeitsunterricht in der Schulzeit.

Eine mögliche archetypische Spur finden wir in mehreren Traumbildern dieser Sequenz, z. B. in der Kirche. Besonders eindrücklich ist das Bild der Schulkameradin als alte Frau, die einen Wollfaden knotet: Dies erinnert an die Gestalt einer Schicksalsgöttin, welche die Fäden des Lebens in den Händen hält.

An diesem Beispiel kann man sehr gut sehen, wie sich die verschiedenen Traumquellen überlagern und miteinander verwoben sind.

Den Traum objektivieren

Im Traum sind wir mit unserem Traum-Ich unauflöslich verbunden. Wir betrachten die Welt durch die Augen des Traum-Ichs, hören, was das Traum-Ich hört, fühlen, was das Traum-Ich fühlt. Aus der Perspektive unseres Alltags-Ichs erscheinen uns viele dieser Wahrnehmungen und Gefühle als irrational und bizarr – aber wenn uns das Traum-Ich beseelt, haben wir keine Wahl: Dann ist die Welt so, wie sie dem Traum-Ich erscheint.

Wenn wir uns mit unseren Träumen beschäftigen wollen, dann kann es sinnvoll sein, eine gewisse Distanz zum Traum aufzubauen, indem wir uns die Unterschiede zwischen dem Alltagsbewusstsein und dem Traumbewusstsein klarmachen. Unser Traum-Ich unterscheidet sich deutlich von unserem Alltags-Ich – es hat seine eigenen Wahrnehmungen, Denkmuster, Verhaltensweisen und Gefühle. Um diese Distanz herzustellen, bedienen wir uns der Methode der Traum-Objektivierung. Deren

Grundidee besteht darin, den Traum als eine Geschichte zu formulieren, die einer anderen Person geschehen ist, eben der Traum-Persönlichkeit. Wir erzählen den Traum neu und ersetzen diesmal »ich« durch »der Träumer«, »die Träumerin« oder einfach »das Traum-Ich«.

Auf diese Weise betrachten wir den Traum von einer anderen Warte aus, was mögliche Widerstände gegen Traumgeschehnisse oder Traumgestalten vermindert und umgeht. Die Distanz macht es uns möglich, auch selbstkritisch genau jene Stellen des Traums zu analysieren, die uns vielleicht eher unangenehm sind und die wir nicht akzeptieren wollen.

Aus dem Traum wird eine Geschichte

Nehmen Sie Ihr Traumtagebuch zur Hand, und schlagen Sie den Traum auf, den Sie objektivieren möchten. Für den Anfang sollte es ein Traum sein, der einen eher zusammenhängenden Charakter hat und sich klar gliedern lässt. Lesen Sie diesen Traum noch einmal durch.

Beispiel:
Ich bin in einem großen Haus, ähnlich dem meinen, und gehe die Treppen hinunter. Unten nehme ich fremde Müllsäcke mit und schmeiße sie in die große Tonne in dem Müllhäuschen vor dem Haus. Auf dem Rückweg sehe ich durch ein Fenster einen Hausbewohner, der ganz schwarz gekleidet ist und intensiv und angestrengt auf einem Trimmrad radelt. Es ist mir etwas peinlich, ihn zu beobachten. Ich treffe andere unbekannte Hausbewohner, einen jungen Mann und eine junge Frau, die sich beschweren, dass im Hof so viele alte Möbel und Holzteile herumliegen. Als sie eingezogen sind, durfte das nicht sein, da hätten sich gleich alle beschwert. Ich bekomme ein schlechtes Gewissen, obwohl ich nicht verantwortlich bin.

Nun formulieren Sie den Traum erneut – diesmal aber ersetzen Sie »ich« durch »der Träumer« oder »die Träumerin«. Achten Sie bei der Neuformulierung des Traums darauf, den Traum wie eine Geschichte zu behandeln, die Sie gerade beobachten, und schreiben Sie diese Geschichte wie einen spannenden Bericht nieder – aber verfälschen Sie das Traumgeschehen nicht! Bleiben Sie der Geschichte treu! Gliedern Sie den Traum in klare Szenen und Handlungsabfolgen, und zwar in der zeitlichen Abfolge, die der Traum angibt.

Beispiel:
Die Träumerin geht die Treppen eines großen Wohnhauses hinunter. Das Haus ähnelt dem Wohnhaus des Alltags-Ichs. Die Träumerin nimmt von einem anderen Hausbewohner einen blauen Müllsack mit, den dieser vor seiner Tür abgestellt hatte. Die Träumerin tut diesem Hausbewohner einen Gefallen, sie macht es gerne und freut sich darüber. Unten angekommen, wirft die Träumerin den Müllsack in die große Abfalltonne, die vor dem Haus in einem Müllhäuschen steht.

Auf dem Rückweg in ihre Wohnung blickt die Träumerin in das Fenster einer Hochparterrewohnung und sieht einen Hausbewohner dort auf einem Trimmrad radeln. Die Träumerin ist einerseits neugierig, andererseits ein wenig beschämt, denn sie tut etwas Verbotenes, Ungebührliches. Ihr Anstand gebietet ihr, nicht ungefragt in die Privatsphäre anderer einzudringen.

Auf dem Rückweg in ihre Wohnung trifft die Träumerin ein Pärchen, das im Haus wohnt. Die beiden beschweren sich bei ihr über all die alten Möbel, die im Hof herumliegen. Denn als die beiden einzogen und ihre Möbel kurz im Hof lagerten, beschwerten sich gleich die »alten« Hausbewohner über die Möbel im Hof. Die Träumerin fühlt sich unwohl, einerseits denkt sie, dass das nicht ihre Auf-

gabe oder Verantwortung ist, andererseits schämt sie sich ein wenig
für die anderen Hausbewohner, dass diese so wenig Verständnis für
den Einzug und die Situation der neuen Hausbewohner hatten.

Analysieren Sie den Traum

Der Traum liegt jetzt als objektiver Bericht vor Ihnen. Stellen
Sie sich nun folgende Fragen:
Welche symbolisch bedeutsamen Personen, Gegenstände, Tiere
etc. tauchen in dem Traum auf, und welche Gefühle lösen sie
beim Träumer aus?
In welchem Verhältnis stehen die Symbole zueinander? Widersprechen sie sich? Harmonieren sie miteinander? Stehen sie im
Konflikt? Was haben sie gemeinsam, und worin unterscheiden
sie sich?
In unserem Beispiel sind der Müllsack und alte Möbel zu entsor-
gen, wegzuwerfen. Das verbindet beide miteinander. Im Konflikt steht hier aber, dass der Müllsack bekannten Müll enthält
und vom Traum-Ich gerne weggeworfen wird. Die alten Möbel
sind jedoch unbekannter Herkunft und werden nicht weggeworfen, sondern liegen schon lange Zeit im Hof herum. Im Gegensatz zu den Symbolen Müllsack/alte Möbel steht das Trimmrad als Symbol für Aktivität, Fitness, Gesundheit, »schlank und
trainiert sein«.
Welche Konflikte, Themen, Probleme bestimmen den Traum?
Was tut der Träumer, was tun die anderen Traumfiguren, um
diese Konflikte zu lösen? Was tun sie nicht? Was könnten sie
tun, um zu einer Lösung zu kommen?
Im Beispiel ist dies der erste Konflikt des Traum-Ichs: Es blickt
neugierig in das Fenster, gleichzeitig überschreitet es dadurch
die Grenze des anderen, indem es ungefragt und ungebeten in
dessen Privatsphäre eindringt. Mögliche Lösung: Das Traum-

Ich klopf an das Fenster, beginnt mit dem Radler zu kommunizieren und holt sich so sozusagen im Nachhinein die Erlaubnis zur Grenzüberschreitung.

Zweiter Konflikt: Das Traum-Ich hat einerseits Verständnis für die Beschwerde der Hausbewohner, andererseits fühlt es sich für die Reaktion der alten Hausbewohner verantwortlich. Aber gleichzeitig denkt das Traum-Ich, dass es Quatsch ist, sich für die Reaktion der alten Hausbewohner verantwortlich zu fühlen, denn das Traum-Ich hat sich ja damals nicht beschwert. Lösung des Konflikts hätte sein können, dass das Traum-Ich mit dem Pärchen spricht und sein Verständnis für deren Situation und deren Beschwerde zeigt.

Was bleibt unklar oder rätselhaft? Welche Fragen lässt der Traum offen?

Im Beispiel bleibt unklar, von wem die alten Möbel sind und warum sie noch nicht entsorgt wurden.

Nehmen Sie sich genügend Zeit, und analysieren Sie den Traum eingehend anhand dieser Fragen. Schreiben Sie anschließend eine kurze Zusammenfassung des Berichts – eine Art »Moral von der Geschichte«.

Dann übertragen Sie die gewonnenen Erkenntnisse auf Ihr aktuelles Leben: Fragen Sie sich, inwieweit sich die erkannten Problemstellungen, Verhaltensweisen, Lösungsansätze und Konflikte in Ihrem aktuellen Leben widerspiegeln. Zum Schluss können Sie überlegen, ob sich aus diesem Traumbericht eine Art »Auftrag« für Ihre alltägliche Wirklichkeit und aktuellen Konflikte ableiten lässt.

Eine Brücke zwischen Traum-Ich und Alltags-Ich

In einem nächsten Schritt geht es darum, das Traum-Ich genauer zu betrachten, und zwar als ein ebenso vollständiges Wesen wie unser Alltags-Ich. Wir wissen, dass das Traum-Ich mit unserem Alltags-Ich in Verbindung steht, dass es jedoch im Traum, in seiner Wirklichkeit, ganz eigenständig handelt, denkt und fühlt. Auch das Traum-Ich orientiert sich an bestimmten Grundannahmen, lässt sich in seinem Verhalten von positiven wie negativen Glaubenssätzen leiten. So kommt es auch im Traum zu Konflikten und Problemen, weil das Traum-Ich genauso wie das Alltags-Ich aus alten Mustern nicht ausbrechen kann oder will.

Wir können den Traum zu einem Raum gestalten, in dem wir neue Verhaltensweisen und neue Denkmuster ausprobieren. Für das Traum-Ich können wir neue und ungewöhnliche Lösungswege ersinnen, die wir unserem Alltags-Ich niemals zutrauen würden. Da das Traum-Ich auch eine Art »Probe-Ich« ist, kann es zum Vorbild für unseren Alltag werden. Wer sich eingehend darum bemüht, für sein Traum-Ich Lösungswege aus seinen Konflikten zu suchen, der wird bald merken, dass sich auch für das Alltags-Ich neue Möglichkeiten eröffnen: Wir schlagen eine Brücke zwischen Traum und Alltag.

Analysieren Sie das Verhalten des Traum-Ichs

Lesen Sie noch einmal den Traumbericht auf Seite 117 und konzentrieren Sie sich jetzt ganz auf den Charakter und das Verhalten des Traum-Ichs.

Was tut das Traum-Ich, und was tut es nicht? Wie geht es ihm dabei? Was fühlt es?

In dem Beispiel flieht das Traum-Ich aus den Situationen, steckt den Kopf in den Sand, verschließt die Augen vor der Realität. Es kommuniziert nicht mit den Personen, die ihm begegnen. Dem Traum-Ich sind beide Situationen unangenehm.

Inwieweit trägt das Traum-Ich durch seine Handlungen zur Steigerung des Konflikts bei? Wodurch verschärft sich das Problem? Wann ist sein Verhalten lösungsorientiert? Greift es aktiv in das Geschehen ein, oder ist es passiv?

In dem Beispiel flüchtet das Traum-Ich aus den Situationen, löst den Konflikt also nicht. Es verschlimmert die Situation dadurch zwar nicht, aber sie bleibt bestehen. Somit ist dies kein lösungsorientiertes Verhalten, denn durch das Verharren wird der Konflikt nur aufgeschoben. Die Angst vor einer nächsten unangenehmen Situation bleibt.

Welche Glaubenssätze liegen dem Verhalten des Traum-Ichs zugrunde, so dass es so und nicht anders handelt? Welche Lebenseinstellung wird sichtbar?

In dem Beispiel lautet ein Glaubenssatz des Traum-Ichs: »Man darf nicht ungefragt in die Privatsphäre seiner Mitmenschen eindringen.« Dahinter steckt das positive Bedürfnis nach Respektierung der eigenen Persönlichkeit. Dennoch gerät das Traum-Ich ungewollt in eine solche Situation. Hier greift ein zweiter Glaubenssatz: »Man darf sein Gesicht nicht verlieren – man darf keine Schwäche zeigen.« Aus diesem Grund ergreift es nicht die Initiative zur Kommunikation, sondern schleicht sich mit einem schlechten Gewissen davon. Auch im zweiten Konflikt tritt ein Glaubenssatz auf, der verhindert, mit dem Pärchen offen zu sprechen: »Man darf sich nicht offen gegen die Gemeinschaft stellen, auch wenn man sich persönlich nichts vorzuwerfen hat.« Das Traum-Ich sieht, dass die Hausgemeinschaft nicht so harmonisch ist, wie es sich das vorstellt – immerhin gibt es offensichtlich jemanden, der seinen Müll schon lange Zeit im Hof herumliegen lässt, und niemand sagt etwas, während den neuen Hausbewohnern gleich ein Vorwurf gemacht wurde. Dennoch verzichtet es darauf, diesen Missstand zu formulieren, und verlässt die Situation mit einem schlechten Gefühl, weil es von dem Pärchen mit den anderen in einen Topf geworfen wird.

Aus welchen Bedürfnissen heraus handelt das Traum-Ich? Welche Strategien verfolgt es, um diese Bedürfnisse zu erfüllen? Wie erfolgreich sind diese Strategien?

In dem Beispiel beziehen sich die Bedürfnisse des Traum-Ichs auf den Wunsch nach Integrität. Weil ihm die Wahrung der Privatsphäre anderer wichtig ist, fühlt es sich peinlich berührt, weil es sie unversehens verletzt. Dadurch ist seine Integrität in Gefahr: Es verletzt das, was ihm selbst so wichtig ist – damit zeigt es eine Schwäche. Offensichtlich kann das Traum-Ich diese menschliche Schwäche nicht eingestehen und stiehlt sich davon. Das schlechte Gewissen aber bleibt. Im zweiten Konflikt erkennen wir das Bedürfnis nach Zugehörigkeit zu einer Gemeinschaft auf der einen und den Wunsch nach Authentizität auf der anderen Seite. Dieser Wunsch wird zugunsten des Gemeinschaftsgefühls aufgegeben, indem das Traum-Ich es versäumt, zu sagen, was es wirklich denkt. Es bleibt das Gefühl von Unstimmigkeit.

Suchen Sie Lösungsmöglichkeiten für das Traum-Ich

Überlegen Sie nun: Was würden Sie dem Traum-Ich raten, damit es in seiner problematischen Situation zu einer Lösung kommen kann? Welche Glaubenssätze müsste es über Bord werfen, und welche Verhaltensweisen müsste es verändern? Wozu waren diese Glaubenssätze bislang nützlich? Warum sind sie in dieser Situation nicht hilfreich? Was könnte es stattdessen tun? Wie könnte es seine Bedürfnisse auf eine andere Weise erfüllen, die der aktuellen Situation angemessener ist? Welche Lösungsmöglichkeiten gibt es?

Denken Sie über diese Fragen nach, machen Sie sich Notizen. Wenn Sie Lösungen gefunden haben, schreiben Sie den Traumbericht um: Diesmal gelingt es dem Traum-Ich, den Konflikt, der sich ihm stellt, zu lösen. Schicken Sie das Traum-Ich noch einmal durch alle Stationen des Traums, aber diesmal mit konstruktiven Glaubenssätzen und einem größeren Repertoire an Verhaltensmöglichkeiten.

Impulse für das Alltags-Ich

Wenn Sie so weit sind, vergleichen Sie abschließend das Traum-Ich mit dem Alltags-Ich: Wie würden Sie in einer vergleichbaren Situation handeln? Würden Sie sich anders verhalten, als Ihr Traum-Ich es getan hat? Oder sehen Sie deutliche Parallelen zu Ihrem Leben? Ist Ihnen die Haltung des Traum-Ichs vertraut? Welche Glaubenssätze teilen Sie, welche nicht?

Der Rest der Arbeit besteht darin, diese Erkenntnisse auf sich wirken zu lassen. Vielleicht erwächst aus dieser Arbeit ein Impuls, die Glaubenssätze, die Ihnen im Alltag das Leben schwerer machen, als es sein müsste, umzuwandeln und neue Verhaltensmuster zu entwickeln. Wenn das Traum-Ich dies kann, dann ist es auch für das Alltags-Ich möglich!

Schlüsselfragen zum Traum

Es gibt eine Reihe von nützlichen Schlüsselfragen, die wir uns stellen können, wenn wir uns mit einem Traum beschäftigen. Diese Fragen können als Anregung zur Reflexion genutzt werden und können unser Verständnis für die Botschaft des Traums systematisch vertiefen.

Von den folgenden Fragen sind nicht alle für jeden Traum von Bedeutung. Wählen Sie jeweils diejenigen aus, die für Sie wichtig sind und von denen Sie sich angesprochen fühlen. Beschränken Sie sich im Zweifelsfall auf zwei oder drei Fragen und nehmen sich lieber mehr Zeit, diese gründlich und ausführlich zu beantworten.

Fragen zum Traumgeschehen:

- Wie denkt, fühlt, handelt das Traum-Ich? Welche Haltung liegt dem Verhalten des Traum-Ichs zugrunde?
- Welche Themen werden im Traum sichtbar?
- Was wird im Traum fraglos hingenommen? Wann greift das Traum-Ich aktiv in das Geschehen ein?
- Welche positiven Glaubenssätze stärken das Traum-Ich? Welche negativen Glaubenssätze führen zu Konflikten?
- Welche bedeutungsvollen Traumsymbole begegnen dem Traum-Ich?
- Wer oder was tritt im Traum als Widersacher auf?
- Wer oder was tritt im Traum als Helfer und Freund auf?
- Was bleibt rätselhaft?

Fragen zur Brücke zwischen Traum und Alltag:

- Was hätte das Traum-Ich besser nicht oder anders getan?
- Welche Parallelen gibt es zwischen dem Verhalten des Traum-Ichs und dem meines Alltags-Ichs?
- Inwieweit hat der Traum etwas mit meinen Plänen zu tun?
- Inwieweit hat der Traum etwas mit meiner Vergangenheit zu tun?
- Welche Teile meiner Persönlichkeit werden vom Traum gezeigt? Welche werden in Frage gestellt?

Fragen zur Konsequenz für den Alltag:

- Was will dieser Traum gerade jetzt von mir?
- Warum träume ich gerade jetzt von diesen Personen, Dingen, Tieren, Situationen, Orten etc.?
- Warum war dieser Traum notwendig für mich?
- Welche Fragen stellt mir der Traum?
- Welche Aufgabe stellt mir der Traum?

- Welche Herausforderung für den Alltag steckt in dem Traum?
- Welche Entscheidungen treffe ich nach dem Traum im Alltag?

Die Traumsymbole deuten

Bislang haben wir den Traum aus der Perspektive des Traum-Ichs behandelt und bearbeitet. Problemmuster sind aufgedeckt und mögliche Lösungswege aufgezeigt worden. Doch wir können einen Traum auch aus der Warte der Traumbilder analysieren, die dem Traum-Ich begegnen. Wir können davon ausgehen, dass alles, was uns im Traum begegnet, Bestandteil unserer Traum-Persönlichkeit ist und deshalb auch wesentlich zur Botschaft des Traums beitragen kann.

Damit kommen wir zur Deutung der Traumsymbole. Greifen Sie jetzt aber nicht sofort zu einem Traumlexikon, um die Symbole nachzuschlagen. Auf der Suche nach der individuellen Bedeutung eines Traumbildes beginnen wir mit der genauen Beobachtung des Traumbildes. Wir studieren die ersten Reaktionen des Traum-Ichs darauf, und erst in einem zweiten Schritt versuchen wir, das Traumbild mit dem Tagesbewusstsein zu deuten. So bleiben wir möglichst nahe an dem, was uns der Traum als Botschaft vermitteln wollte.

Die vier Dimensionen eines Traumbildes

Wählen Sie zunächst einen Traum, und suchen Sie darin ein Bild, das für Sie mit besonders hoher emotionaler Kraft aufgeladen ist. Am Anfang sollten Sie nicht mehr als ein bis maximal drei solcher Bilder bearbeiten.

Ein Traumbild kann dann aus vier Perspektiven beschrieben werden.

A. Objekt: Was begegnet mir konkret? Was ist der Auslöser?

B. Reaktion: Was löst die Begegnung unmittelbar in mir aus? Welche Empfindungen tauchen bei mir spontan auf?

C. Assoziation: Welche Erinnerungen werden in mir wachgerufen? Woher stammt das Traumbild?

D. Symbol: Welche kulturellen Bedeutungen verbinden sich mit dem Traumbild? Welche Archetypen können zugrunde liegen?

Dies ergibt folgendes Traum-Mandala:

Was ist die Bedeutung?
Eigene Deutung,
kulturelle Bedeutung,
Archetypen etc.

Was begegnet mir?
Die Person,
der Gegenstand,
das Tier im Traum ...

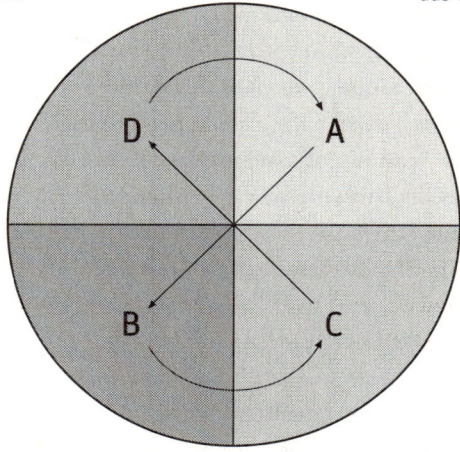

Was löst es in mir aus?
Empfindungen,
spontane Reaktionen,
Gefühle

Was steigt in mir auf?
Assoziationen,
Erinnerungen,
Bilder, Ideen

Das Traumbild deuten

Nun können Sie das Traumbild aus allen vier Perspektiven betrachten und es auf diese Weise individuell deuten. Dabei sollten Sie sich unbedingt an die Reihenfolge halten, denn das Traumbild offenbart sich dann in einem dynamischen Deutungsprozess, der selbst wiederum wichtige Details ans Tageslicht befördern kann. Schritt A und B sollten unmittelbar nach dem Aufwachen vorgenommen werden, bevor das Tagesbewusstsein zu stark die Traumerinnerung verfremdet hat. Schritt C und D sind auch später möglich.

Verfolgen wir die Entwicklung des Symbols im Mandala anhand dieses Traumbildes einer 37-jährigen Träumerin:

Ein Hund läuft einem Hasen hinterher, jagt ihn. Als ich mir den Hasen anschaue, ist er an zwei Stellen gebissen worden, am Kopf und woanders. Der Hase ist aber nicht nur Hase, sondern auch ganz klein, wie ein Stofftier. Ich weiß, er ist dem Tode geweiht. Er liegt in meiner Hand, und ich frage mich, was ich mit ihm machen soll, damit er leichter sterben kann. Er wird ganz wütend und fängt an, nach mir zu beißen und zu schnappen. Ich muss aufpassen, dass er mich nicht erwischt, er hat recht scharfe Zähne.

Wir konzentrieren uns auf das Bild des Hasen.

Der Hase

Die Perspektive A ist eine reine Beschreibung dessen, was mir im Traum begegnet ist. Beschreiben Sie hier so genau wie möglich das Ding, die Person oder das Tier, welches Gegenstand des Traumbildes ist. Versuchen Sie sich jedes Detail in Erinnerung zu rufen, angefangen vom optischen Eindruck, bis hin zu akustischen Wahrnehmungen oder etwaigen Gerüchen und Tast-

empfindungen. Behalten Sie dabei die Perspektive eines Beob-
achters und lassen keine Gefühle, die beim Anblick des Traumbildes entstanden sein mögen, in die Beschreibung einfließen.
Beispiel: »Der Hase ist klein und liegt weich in meiner Hand. Er
ist gebissen worden – am Kopf, und ich glaube am Bauch. Er
kommt mir vor wie ein Stofftier, und manchmal erscheint er mir
wie ein kleines Lamm. Er ist dem Tode nahe.«

Trauer und Angst

Wenn Sie das Traumbild detailliert genug beschrieben haben,
wechseln Sie zur Perspektive B und ergänzen das Wahrgenom-
mene mit den Empfindungen, die bei der Begegnung spontan in
Ihnen aufgestiegen sind. Dazu gehören körperliche Reaktionen
(Schwindel, Übelkeit, ein Schauer, Wohlbehagen, Wärme, Käl-
te) ebenso wie Stimmungen und Gefühle (Angst, Geborgenheit,
Liebe, Heiterkeit, Erotik, Ruhe). An diesem Punkt entfernen
wir uns von der reinen Objekt-Ebene und stellen den ersten Bezug zwischen uns und dem Traumbild her, und zwar so, wie er
sich aus dem Traumgeschehen für uns ergibt. Diese Ebene ist
sehr wichtig, weil sie uns Aufschluss über das Traumgefühl gibt.
Dies dient als Kompass für die Bedeutung eines Traumbildes:
Wenn ich Angst bei einem Gegenstand empfinde, dann ist die
primäre Botschaft dieses Gegenstandes meine Angst und nicht
der symbolische Hintergrund, der auch noch da sein mag.
Beispiel: »Ich bin traurig und besorgt und ratlos, weil ich nicht
weiß, was ich tun soll. Zugleich habe ich Angst, weil ich nicht
verletzt werden möchte.«

Schokoladenhasen, Stofftiere und züngelnde Flammen

Wenn Sie sich Klarheit über die Empfindungsperspektive ver-
schafft haben, dann vertiefen Sie Ihre Wahrnehmungen, indem

Sie Ihre Aufmerksamkeit nach innen richten und prüfen, welche Assoziationen zu diesem Traumbild aufsteigen: Perspektive C. Vielleicht gibt es Erinnerungen, aus denen sich das Traumbild speist, vielleicht lässt sich sogar ein Zeitpunkt im Leben bestimmen, auf den sich das Traumbild bezieht. Hier stellen Sie einen sehr persönlichen Bezug zum Traumbild her, indem Sie es an Ihre eigene Lebensgeschichte anknüpfen. Es ist der persönlichste Teil der Arbeit an einem Traumbild, und Sie sollten sich genügend Zeit dafür nehmen. Erfahrungsgemäß tauchen immer weitere Bilder und Erinnerungen aus der Tiefe Ihrer Persönlichkeit auf, je länger Sie sich mit einem Traumbild beschäftigen. Die Erkenntnisse, die Sie hier gewinnen, zeigen Ihnen, welche persönliche Botschaft das Traumbild an Sie richtet.

Beispiel: »Der dreijährige Sohn meiner Nachbarin hat gestern, als ich mit seiner Mutter auf meiner Terrasse saß, unbemerkt in meiner Wohnung zwei Schokoladenosterhasen ausgepackt. Als ich ein ›verdächtiges‹ Geräusch hörte und sein Treiben bemerkte, hatte er dem einen Hasen schon ein Ohr abgebissen. Ich hab ihn gefragt, ob er mich denn vorher um Erlaubnis gefragt hat, und ihm erklärt, dass er das zukünftig tun soll, bevor er so etwas macht. Den angebissenen Hasen durfte er behalten. Den anderen – den wollte er auch haben – habe ich weggestellt und ihm gesagt, dass ich den selbst behalten wollte. Wir haben seine Finger gewaschen, und danach haben seine Mutter und ich uns über Grenzensetzen bei Kindern etc. unterhalten.«

Dies ist offensichtlich der unmittelbare Auslöser für das Traumbild. Doch die Träumerin assoziierte weiter, und es tauchen Erinnerungen aus der Kindheit auf:

»Zu Stofftier fällt mir ein, dass ich vor meinem Umzug alle meine Stofftiere verschenkt habe, bis auf eins, eine Kobra. Die liegt im Schlafzimmer, und der Nachbarsjunge holt sie sich manchmal zum Spielen. Ich hatte auch mal ein Lamm als Stofftier. Das war uralt und noch von meiner Mutter, glaube ich. Das hat mich schon als Kleinkind begleitet und schlief immer in meinem Bett. Wem ich das geschenkt habe, weiß ich nicht mehr. Bei Stofftieren muss ich auch immer an meine Cousine denken. Sie hat früher, wenn wir miteinander spielten, immer den Puppen die Kleider aus- und den Stofftieren angezogen.«

Schließlich fällt ihr noch etwas zum Thema »zubeißen« und »scharfe Zähne« ein:

»Das Bild vom schnappenden Hasen erinnert mich seltsamerweise an eine züngelnde Flamme. Gestern Abend habe ich zum Vollmond mit meinem Freund ein Feuer in einer Messingschale auf meiner Terrasse gemacht. Die Flamme erschien mir wie ein lebendiges Wesen, das nach mir zu greifen schien. Es fühlte sich genauso an wie der Hase im Traum. Beißen und Schnappen lassen mich an ›bissige‹ Menschen im übertragenen Sinne denken. Ich werde zurzeit auch ständig von anderen mit Fragen zur Durchsetzungsfähigkeit und der eigenen ›Bissigkeit‹ konfrontiert. Ich frage mich oft, ob ich meine eigenen Zähne genügend zeige. Viele Menschen halten mich anfänglich für ›sehr lieb‹, bis sie mich einmal von meiner ›bissigen‹ Seite kennengelernt haben.«

Der Traum speist sich aus Erlebnissen der vergangenen Tage – zugleich offenbart sich eine Assoziation zu bestimmten Aspekten der Persönlichkeit der Träumerin.

Fruchtbarkeit und Furcht

Nun tauchen Sie wieder aus der Ebene der rein persönlichen Deutung auf und beginnen damit, die kulturelle oder sogar archetypische Dimension des Traumbildes zu untersuchen. Hierzu ist ein Symbole-Lexikon sehr nützlich, insbesondere eines, das sich auf den Kulturkreis bezieht, in dem Sie groß geworden sind und in den Sie sich eingebettet fühlen. Widerstehen Sie der Versuchung, dem Traumbild Deutungen aus fremden kulturellen Zusammenhängen aufzupfropfen, so faszinierend die Interpretation auch sein mag! Schlagen Sie also das Symbol nach, und versuchen Sie, eine Verbindung zu Ihrem Traumbild zu entdecken. Nicht selten ist die symbolische Perspektive von D das »Tüpfelchen auf dem i« und eine erstaunliche Ergänzung zu Ihren ganz persönlichen Erkenntnissen. Lassen Sie getrost Inhalte beiseite, die in keinerlei Resonanz zu dem stehen, was Sie bereits über Ihr Traumbild herausgefunden haben.

Für unser Beispiel »Hase« greife ich eine Auswahl an möglichen Bedeutungen heraus.

Wegen seiner Fruchtbarkeit gilt der Hase als Symbol des Lebens, und er steht auch für die Fleischeslust und Sexualität. Zugleich ist er ein Symbol für Furchtsamkeit – wir kennen den »Hasenfuß«. Im Mittelalter sah man im Jäger den Teufel und in den Hasen die verfolgten Seelen. Der Osterhase ist ein vorchristliches Fruchtbarkeitssymbol. Es ist das Tier der Frühlingsgöttin Eostra und steht somit für Wiedergeburt und Auferstehung.

Von diesen Bedeutungen trafen bei der Träumerin einige Themen auf Resonanz:

»Hier befinde ich mich in einem sehr großen, persönlichen Umbruch. Sexualität ist eines der schwierigsten Themen meines Lebens. Meine Form von Beziehung und Sexualität liegt förmlich auf dem Opferaltar. Etwas Altes stirbt, aber es ist noch nichts Neues da. Das Alte hat sich sehr gewehrt, geopfert zu werden. Es fällt mir schwer, auf bestimmte Aspekte zu verzichten. Ich weiß noch nicht einmal, ob das Opfer richtig ist, aber es ist unausweichlich. Interessanterweise haben mein Freund und ich gerade unsere größte Krise überwunden, und die Schokohasen waren ein Geschenk von ihm. Zugleich ist da meine Angst, Aggressionen zu zeigen und zuzulassen, mich abzugrenzen. Ich reagiere zurzeit wesentlich direkter bei ›unerwünschten‹ Gefühlsregungen als früher.«

Die Quintessenz des Traumbildes

Am Schluss des Prozesses sollte eine Zusammenfassung stehen, die persönliche Quintessenz des Traumbildes gewissermaßen. In dieser Zusammenfassung sollte auch eine Schlussfolgerung enthalten sein, die sich darauf bezieht, welche künftige Bedeutung Sie den Erkenntnissen, die Sie aus dem Traum-Mandala gewonnen haben, beimessen. Das kann sich auf anstehende Entscheidungen beziehen oder ganz allgemein auf Ihre Lebensumstände. Damit geben Sie dem Traumbild die Chance, sich auch in der alltäglichen Wirklichkeit konstruktiv zu entfalten – der Kreis schließt sich.

Traumsymbole vertiefen

Das Traum-Mandala ist eine assoziative Technik der Traumdeutung und kann sehr interessante Ergebnisse liefern, indem wir uns analytisch und aus der Distanz des Wachbewusstseins dem Symbol widmen. In einem zweiten Schritt können wir uns dem Traumbild wieder nähern, indem wir das Symbol noch einmal erleben. Diese Methode nennt man auch Vertiefung des Symbols, und sie besteht im Wesentlichen darin, dass wir uns ein Symbol aus unserem Traum herausgreifen und es in einem entspannten Zustand visualisieren, um so noch mehr Details über seine Funktion im Rahmen der Traumbotschaft zu erfahren. Dies kann ein besonders rätselhaftes Symbol sein, eines, das uns Angst gemacht hat, oder auch einfach eines, das uns besonders interessiert. Es kann ein Gegenstand, eine Person, ein Ort oder ein Tier sein. Durch das Wiedererleben des Symbols verbinden wir uns wieder mit der Quelle des Traums und schaffen so erneut eine Brücke zwischen der Traumwirklichkeit und der alltäglichen Wirklichkeit.

Da es sich um eine Visualisierungstechnik handelt, ist es von Vorteil, wenn Sie Ihr visuelles Gedächtnis trainiert haben (siehe S. 94 f.). Allerdings geht es hier nicht darum, das Symbol in einer besonders guten Bildqualität zu imaginieren. Die Bilder können durchaus verschwommen und schemenhaft sein, so wie es auch bei Traumbildern häufig der Fall ist. Entscheiden Sie selbst, wie genau Sie sich ein Symbol vor Ihrem geistigen Auge vorstellen.

Das Symbol visualisieren

Um das Symbol wieder zu erleben, müssen Sie sich zunächst in den leicht meditativen Alpha-Zustand versetzen. Machen Sie es sich bequem an einem Platz, wo Sie ungestört sind, und konzentrieren Sie sich auf den Fluss Ihres Atems. Atmen Sie langsam ein und aus, bei jedem Ausatmen zählen Sie ab zwanzig rückwärts. Sie werden immer ruhiger, körperlich und geistig.

So entspannt, befinden Sie sich im idealen Ausgangszustand für die Symbolvertiefung. Folgen Sie nun den Anweisungen zur Visualisierung:

• Stellen Sie sich vor, Sie befinden sich in einem klaren und weiten Raum. Lassen Sie nun vor Ihrem geistigen Auge das gewählte Symbol erstehen.

• Konzentrieren Sie zunächst Ihre Aufmerksamkeit darauf, das Symbol in allen Einzelheiten zu sehen. Wie sieht es aus? Wie ist seine Beschaffenheit? Wie fühlt es sich an? Welche anderen Sinneseindrücke vermittelt es? Sie kön-

nen auch im Geiste um das Symbol herumgehen, um es von allen Seiten zu betrachten. Konzentrieren Sie sich darauf, das Symbol klar und deutlich wahrzunehmen.

• Bleiben Sie dem Symbol treu! Lassen Sie es, wie es Ihnen erscheint, fügen Sie nichts hinzu, und verändern Sie es nicht. Wenn es sich von selbst verändert, versuchen Sie, den Ausgangszustand wiederherzustellen, bis es stabil bleibt.

• Spüren Sie die Gegenwart des Symbols, seine Lebendigkeit. Welche Gefühle tauchen in Ihnen dabei auf? Ist es ein eindeutiges Gefühl? Ist es Strom von sich verändernden Gefühlen? Richten Sie Ihre Aufmerksamkeit auf diese Gefühle, und beobachten Sie sich eine Weile.

• Wenn Sie sich unwohl fühlen, wählen Sie eine andere Position zum Symbol aus: Probieren Sie es mit einem größeren Abstand oder einer anderen Perspektive. Finden Sie Ihre optimale Distanz zum Symbol, die Ihnen angenehm ist und bei Ihrer Neugier auf das Symbol nicht von zu mächtigen Gefühlen überlagert wird.

• Achten Sie jetzt auf die geistige Resonanz zu dem Symbol: Gibt es etwas, das Ihnen dieses Symbol mitteilen möchte? Dies kann auch wortlos geschehen oder auf irgendeine andere Art und Weise der Kommunikation.

Oft genügt diese Arbeit schon, um wesentliche neue Informationen über das Symbol zu bekommen. Sie können jedoch noch weiter gehen und das Symbol in seiner zeitlichen Entfaltung betrachten:

• Stellen Sie sich vor, was mit dem Symbol geschehen ist, was es getan hat, wie es entstanden ist, bevor es in Ihrem Traum aufgetaucht ist. Wo war es vorher? Wie ist es in jene Traumsituation geraten? Welche Motivation hat es dorthin geführt?

- Dann stellen Sie sich vor, was mit dem Symbol geschehen wird nach seinem Auftritt in Ihrem Traum. Wo wird es hingehen? Was wird mit ihm geschehen? Welche Absichten werden es aus der Traumsituation hinausführen?

Zwiegespräch mit den Traumsymbolen

Eine weitere interessante Technik, das Symbol zu vertiefen, ist ein Dialog mit ihm. Dazu notieren Sie zwei oder drei Hauptfragen, die Sie an die Gestalt, das Wesen oder das Phänomen Ihres Traumbildes haben. Dann versetzen Sie sich in einen meditativen Zustand, z. B. indem Sie wieder bei jedem Ausatmen ab zwanzig rückwärtszählen. Schließen Sie die Augen, und lassen Sie vor Ihrem geistigen Auge das Traumbild entstehen (z. B. den Hasen). Nun treten Sie in Dialog mit ihm. Vielleicht fragen Sie als Erstes: »Wer bist du?« oder auch »Was willst du?« Sie können auch konkreter fragen: »Warum hast du dich in diesem Traum auf diese Weise verhalten?« Dann warten Sie auf eine Antwort. Diese kann in einem Gefühl bestehen, einem Gedankenfetzen, in einem Bild, aber auch in einer glasklaren Aussage – seien Sie einfach bereit zu empfangen, was auch immer Sie als Entgegnung erhalten werden. Im Laufe dieses inneren Dialogs sollten Sie Ihre vorbereiteten Fragen stellen. Lassen Sie sich überraschen, was Sie erfahren werden! Wenn Sie genug erfahren haben, bedanken Sie sich bei Ihrem Symbol und verabschieden sich. Halten Sie den Dialog unmittelbar danach in Ihrem Traumtagebuch fest.

Dieser innere Dialog hat eine sehr wichtige Funktion für das Wiedererleben eines Traumsymbols. Wenn wir davon ausgehen, dass alles, was uns im Traum begegnet, ein Teil unserer eigenen Persönlichkeit ist, den wir vielleicht noch nicht so gut verstanden haben, können wir auf diese Weise einen ersten Schritt in

Richtung Integration dieses Teils unternehmen. Zum andern gewinnen wir eine gewisse Sicherheit im Umgang mit den oft merkwürdigen und nicht selten sogar bedrohlichen Wesen unserer Seelenlandschaft. Wir lernen, aktiver auf sie zuzugehen.

Dialog mit Wesen aus Alpträumen

Aus diesem Grunde kann man den Traumdialog auch sehr gut verwenden, um sich mit Symbolen aus Alpträumen und Angstträumen auseinanderzusetzen. Wenn Sie sich z. B. einem Ungeheuer aus Ihren Alpträumen stellen wollen, dann sollten Sie dieses furchterregende Wesen zunächst stoppen. Vielleicht hilft Ihnen die Vorstellung, dass Sie gerade einen Horrorfilm drehen und wie ein Regisseur den Schauspieler des Monsters unterbrechen, indem Sie laut »Schnitt!« rufen. Sie können dann sogar von dem Wesen verlangen, dass es seine Maske abnimmt, und möglicherweise erfahren Sie so, was sich auf einer tieferen Ebene hinter dem Ungeheuer verbirgt. In der Regel verlaufen Dialoge mit Alptraum-Symbolen weniger aggressiv, denn Sie signalisieren ja die Bereitschaft zur Auseinandersetzung. Fragen Sie nach dem Bedürfnis des Angreifers, Sie anzugreifen oder zu verfolgen, fragen Sie nach der Motivation. Dann überlegen Sie gemeinsam, ob es einen anderen, weniger gefährlichen Weg gibt, dieses Bedürfnis umzusetzen.

Traummythologie

Jeder Mensch besitzt eine eigene Traumlandschaft, und was auch immer wir erleben, wenn wir in diese Gefilde der Nacht eintauchen, es ist etwas sehr Persönliches und Privates. Die Gestalten, Dinge und Orte in dieser inneren Landschaft sind vielfältig und scheinen keine Grenzen zu kennen, was ihre Wandelbarkeit betrifft. Und doch haben wir manchmal das Gefühl, dass wir bestimmten Figuren immer wieder begegnen, auch wenn sie sich in immer wieder anderer Form zeigen.

Im Folgenden geht es darum, wie wir die Erscheinungsformen von Personen in unseren Träumen in einer eigenen Traummythologie erfassen. Dabei gehen wir von dem Grundgedanken aus, dass jede Person, die uns im Traum begegnet, einen Teil unserer Persönlichkeit verkörpert. Allgemein kann man sagen, dass eine Traumgestalt immer auch Vertreter eines aktuellen Grundbedürfnisses ist, das sich auf diese Weise bemerkbar machen möchte.

Solche Grundbedürfnisse sind universal, das heißt, alle Menschen kennen sie und teilen sie miteinander. Im Laufe der Zeit haben sich in den Mythen, Märchen und Erzählungen verschiedene Gestalttypen herausgebildet, die symbolisch für diese Bedürfnisse stehen: Sie repräsentieren mit all den Eigenschaften, die wir auf sie projizieren, einen Grundtypus dieses Bedürfnisses in seiner erfüllten Form. In unserem System unterscheiden wir acht Grundtypen, die in der Tabelle aufgeführt sind.

Die Traumgestalten		
	Typ	Steht für das Bedürfnis nach ...
1	Herrscher/Herrscherin	Sinn im Leben und Anerkennung
2	Heiler/Heilerin	Sicherheit und Heilung
3	Wanderer/Wandernde	Kommunikation und Gemeinschaft
4	Gastgeber/Gastgeberin	Liebe und Hingabe
5	Krieger/Kriegerin	Selbstbestimmung und Durchsetzung
6	Priester/Priesterin	Ordnung und Erkenntnis
7	Einsiedler/Einsiedlerin	Ruhe und Klarheit
8	Narr/Närrin	Schöpfung und Freiheit

Wir können alle Traumgestalten einem solchen Grundtyp zuordnen und damit als Stellvertreter eines entsprechenden Bedürfnisses verstehen. Dabei sollten wir uns im Klaren sein, dass jeder dieser Grundtypen in unzähligen Spielarten und Masken auftauchen kann – es können uns persönlich bekannte Personen sein, Verwandte, Eltern, Vorfahren, Kinder, Freunde etc., aber auch Prominente, Fabelwesen, Figuren aus Romanen, Comics oder Filmen oder völlig frei erfundene Personen.

Wenn wir unsere Träume über einen längeren Zeitraum beobachten, werden wir feststellen, dass alle Grundtypen irgendwann auftauchen – manche häufiger als andere, je nachdem, welche Bedürfnisse in uns gerade dominant sind. Auch werden wir feststellen, dass die Grundtypen dazu neigen, sich bestimmte Erscheinungsformen auszusuchen, die für uns typisch sind: Sie kehren dann in einer ähnlichen oder sogar gleichen Gestalt immer wieder.

Auf diese Weise entsteht im Laufe der Zeit entlang dieser acht Grundtypen eine ganz individuelle Traummythologie mit bestimmten Gestalten und Figuren. Zugleich halten wir einen Schlüssel in der Hand, mit dem wir die Sprache unserer Träume besser entziffern können, denn wir können nun verstehen, dass eine bestimmte Traumgestalt allein aufgrund ihres Erscheinens ein bestimmtes Grundbedürfnis in uns zur Sprache bringt.

Was will uns die Traumgestalt sagen?

Worauf genau uns eine solche Traumgestalt aufmerksam machen möchte, kann man nur erkennen, wenn man die Umstände und Gefühle des Traums einbezieht – wenn nicht schon im Traum eine klare Botschaft ausgedrückt wurde. Hilfreich ist es jedoch, wenn man sich im Rahmen der Traumanalyse die entsprechenden Fragen stellt, um die gegenwärtige Lebenssituation nach dem zur Debatte stehenden Grundbedürfnis zu untersuchen.

Um die Botschaft zu entschlüsseln, gehen Sie am besten systematisch vor: Lesen Sie Ihren Traumbericht noch einmal durch, und konzentrieren Sie sich auf die Gestalt, die Sie näher untersuchen möchten. Auf den folgenden Seiten werden die Eigenschaften der acht Grundtypen genauer beschrieben. Betrachten Sie nun die einzelnen Typen und ihre Eigenschaften: Bei welchen Eigenschaften spüren Sie die deutlichste Resonanz zu Ihrer Traumgestalt? Die Traumgestalt muss nicht jede angegebene Eigenschaft zeigen – es genügt, wenn sie sich dem Gesamtbild der Eigenschaften in irgendeiner Form zuordnen lässt. Untersuchen Sie auch zusätzliche Symbole, Gefühle und Stimmungen, die mit der Traumgestalt einhergehen. Schließlich analysieren Sie Ihre gegenwärtige Lebenssituation anhand der empfohlenen Fragestellungen.

Herrscher oder Herrscherin

Eine Traumgestalt des Typs »Herrscher« erkennen Sie an folgenden Eigenschaften: respektgebietend, herrschend, reich, königlich, souverän, unabhängig, gelassen, erfüllt, glücklich, zufrieden, erfolgreich, machtvoll, selbstgefällig, willenskräftig, großartig, erhaben, zielstrebig, visionär, lebenslustig, zukunftsorientiert, dominant, egozentrisch, will im Mittelpunkt stehen.

Traumgestalten dieses Typs erzählen uns etwas darüber, wie kraftvoll die Vision unseres Lebens ist und ob wir unseren Weg in die Zukunft als klar und leuchtend empfinden. Es geht um Berufung, das heißt um das, was wir im Leben vollbringen und was uns mit Zufriedenheit und Sinn erfüllt. Der Herrscher-Typ bringt uns in Kontakt mit unserem schöpferischen Selbst, das nach einem ganz individuellen und persönlichen Ausdruck im

Leben sucht. Im Kontakt mit dieser Traumgestalt erfahren wir etwas über unsere Bestimmung, das heißt über unsere Fähigkeit, unserem Leben einen Sinn zu geben und diesen Sinn aus uns selbst zu schöpfen.

Die Art und Weise, wie eine Traumgestalt des Herrscher-Typs auftaucht, und die begleitenden Gefühle können uns Aufschluss geben über folgende Fragen:

- Wie klar ist mir der Lebensweg, auf dem ich gegenwärtig vorangehe?
- Habe ich das Gefühl, dass mein Leben einen Sinn hat und ich ein sinnvolles Ziel verfolge?
- Habe ich Freude an den Dingen, die ich gegenwärtig tue?
- Habe ich das Gefühl, dass mich jeder Schritt in die Zukunft innerlich bereichert?
- Gestalte ich mein Leben aktiv und schöpferisch?
- Ist mein gegenwärtiges Leben Ausdruck meiner Persönlichkeit?
- Wie ist es um meine Selbstachtung bestellt?
- Werde ich für das, was ich bin und was ich hervorbringe, geachtet und anerkannt?

Heiler oder Heilerin

Eine Traumgestalt des Typs »Heiler« erkennen Sie an folgenden Eigenschaften: konzentriert, standhaft, unerschütterlich, stabil, still, besonnen, sammelnd, sparend, vertrauensvoll, stark, ausgewogen, gutgläubig, fürsorglich, mütterlich, aufmerksam, wach, ist für andere da, schützend, bewahrend, egoistisch, unkreativ, konservativ, starr.

Traumgestalten dieses Typs sind eng verbunden mit unserer Kraft, sowohl in körperlicher wie auch in psychischer Hinsicht.

Sie zeigen uns, ob wir genügend Kraft besitzen, um das, was wir uns vorgenommen haben, auch umsetzen zu können. Diese Traumgestalten können deshalb Hinweise auf Gesundheit und Heilung in sich tragen, wobei unter Heilung in erster Linie »ganz werden« zu verstehen ist: Wir bekommen genau das, was wir brauchen, um uns stark zu fühlen, damit wir unser Leben selbst in die Hand nehmen können.

Die Art und Weise, wie eine Traumgestalt des Heiler-Typs auftaucht, und vor allen Dingen die begleitenden Gefühle können uns Aufschluss geben über folgende Fragen:

- Wie viel Halt habe ich in meinem gegenwärtigen Leben?
  Wie sicher fühle ich mich?
- Wie ist es um meine körperliche Kraft bestellt? Ernähre ich mich richtig und ausreichend?
- Gibt es Krankheiten, die mich bedrohen?
- Fühle ich mich zu Hause? Habe ich das Gefühl von Zugehörigkeit und Geborgenheit? Fühle ich mich verwurzelt in meiner Umgebung?
- »Nährt« mich mein Umfeld?

Wanderer oder Wandernde

Eine Traumgestalt des Typs »Wanderer« erkennen Sie an folgenden Eigenschaften: kommunikativ, interessiert, aufmerksam, scharfsinnig, feinnervig, wendig, agil, selbständig, produktiv, flink, clever, ironisch, wissend, wissbegierig, neugierig, sprachbegabt, bewegungsfreudig, umherstreifend, unzuverlässig, treulos, unstet, sophistisch, verlogen, heuchlerisch, verschlagen, betrügerisch.

Traumgestalten dieses Typs haben etwas damit zu tun, wie wir uns mit unserer Umwelt verbinden. Sie suchen den Ausgleich mit anderen, um zwischen den eigenen Bedürfnissen und denen der anderen zu vermitteln. Daher verkörpern sie unser Interesse am Austausch mit anderen, unser Bedürfnis danach, sich mitzuteilen und von anderen zu lernen. Mit dem »Wanderer« erwacht häufig die Neugier in uns zu entdecken, was sich jenseits des Horizonts befindet, aber nicht, um den eigenen Horizont zu verlassen, sondern um ihn zu erweitern.

Die Art und Weise, wie eine Traumgestalt des Wanderer-Typs auftaucht, und vor allen Dingen die begleitenden Gefühle können uns Aufschluss geben über folgende Fragen:

- Wie erfüllt sich im Augenblick mein Bedürfnis nach einem sozialen und gerechten Miteinander?
- Wie ausgeglichen ist das Verhältnis von Geben und Nehmen zwischen mir und den anderen?
- Wie groß ist die Bereitschaft zur Kooperation und Rücksichtnahme?
- Wie gut kann ich mich einbringen?
- Wie stärkt mich mein Umfeld?
- Wie gerne bin ich zurzeit mit anderen zusammen? Wie gut kann ich das Leben in der Gemeinschaft genießen?
- Wie ehrlich bin ich mit meinen Mitmenschen – und wie ehrlich sind diese mit mir?
- Werden die »Spielregeln« des Miteinanders eingehalten?

Gastgeber oder Gastgeberin

Eine Traumgestalt des Typs »Gastgeber« erkennen Sie an folgenden Eigenschaften: vermittelnd, gesellig, partnerschaftlich, anpassungsbereit, dienend, klug, sinnlich, genießerisch, hingabefähig, respektvoll, schöpferisch, liebevoll, offen, gelehrig, umsichtig, schenkt Geborgenheit, sinnlich, genießt das Leben, möchte das

Leben teilen, Genussmensch, interessiert sich nicht für das Morgen, faul, besitzergreifend, eitel, unentschlossen, oberflächlich.

Traumgestalten dieses Typs spiegeln unsere Fähigkeit, auf andere Menschen einzugehen und sensibel für ihre Bedürfnisse zu sein. Sie vermitteln uns die Einsicht, dass wir nicht alleine auf der Welt sind und dass wir das, was wir tun, nicht nur für uns tun, sondern auch, um einen Beitrag für das Miteinander zu leisten. Der »Gastgeber« steht in Verbindung mit dem Gefühl, anderen etwas zu bedeuten, so wie sie uns etwas bedeuten.

Die Art und Weise, wie eine Traumgestalt des Gastgeber-Typs auftaucht, und vor allen Dingen die begleitenden Gefühle können uns Aufschluss geben über folgende Fragen:

- Wie viel Wert und wie viel Sinn hat das, was ich gegenwärtig tue, auch für andere?
- Welche Bedürfnisse erfülle ich bei anderen damit?
- Wie gut bin ich in der Lage, mein Leben mit anderen zu teilen?
- Wie ist es um meine Freundschaften, meine Partnerschaft bestellt? Wie viel Liebe und Vertrauen gibt es dort? Wie viel Verständnis?
- Wie erlebe ich mein Bedürfnis nach Sinnlichkeit und Nähe mit anderen?

Krieger oder Kriegerin

Eine Traumgestalt des Typs »Krieger« erkennen Sie an folgenden Eigenschaften: zielgerichtet, schnell, rasant, stürmisch, angriffslustig, froh, wach, selbstbestimmt, energisch, mutig, durchsetzungsstark, engagiert, tapfer, revolutionär, abenteuerlustig, spähend, wendig, zupackend, entscheidungsfreudig, aktiv, spontan, Pionier, drängt zum Aufbruch, voller Ideen, tatkräftig, aggressiv, ungestüm, rücksichtslos, planlos, plump, gewalttätig, cholerisch, unberechenbar, keine Ausdauer.

Der Traumtyp des »Kriegers« steht für unsere Fähigkeit, jeden Tag neu zu bestimmen und damit neu zu entscheiden, wie unser Leben aussehen soll. Seinem Wesen nach ist er im positiven Sinne aggressiv und angriffslustig, er überlegt nicht lange, bevor er zur Tat schreitet. Er hat zu tun mit unserem Wunsch, voranzukommen, Schwierigkeiten zu überwinden und alte Verpflichtungen und überkommene Strukturen hinter uns zu lassen. Hier geht es um unsere Freiheit und darum, das durchzusetzen, was wir gerade als richtig und wichtig empfinden.

Die Art und Weise, wie eine Traumgestalt des Krieger-Typs auftaucht, und vor allen Dingen die begleitenden Gefühle können uns Aufschluss geben über folgende Fragen:

- Wie steht es zurzeit um meine Selbstbestimmung? Wie klar kann ich gegenwärtig über mein eigenes Leben entscheiden?
- Wie selbständig und autonom bin ich?
- Wie gut bin ich in Kontakt mit meinen eigenen Bedürfnissen?
- Wie stark fühle ich mich anderen verpflichtet, und wie deutlich kann ich mich von anderen abgrenzen, um meiner eigenen Nase zu folgen?
- Wie abwechslungsreich ist mein Leben?
- Welche Gewohnheiten halten mich davon ab, einfach aufzubrechen und neues Land zu entdecken?
- Fühle ich mich stark für einen Neuanfang und die Überwindung der Vergangenheit?
- Wie gut gelingt es mir zurzeit, ein Projekt, das mir am Herzen liegt, anzupacken?

Priester oder Priesterin

Eine Traumgestalt des Typs »Priester« erkennen Sie an folgenden Eigenschaften: heilig, rein, tugendhaft, keusch, weise, edel, leise, zart, sanftmütig, anmutig, stolz, charismatisch, umsichtig, friedvoll, führend, optimistisch, vergeistigt, voller Hoffnung und Glaube, lebt für das größere Ganze, blauäugig, abergläubisch, unrealistisch, selbstgerecht, statisch, dogmatisch, fanatisch, autoritär.

Diese Traumgestalten verkörpern unser Vertrauen in die Welt und in eine höhere Ordnung. Sie zeigen uns, dass wir in einen Kosmos eingebettet sind, der es gut mit uns meint und in dem wir einen festen Platz haben. Sie stehen mit unseren geistigen Kräften in Verbindung und helfen, diese höhere Ordnung auch hinter den Erscheinungen der Welt wahrzunehmen.

Die Art und Weise, wie eine Traumgestalt des Priester-Typs auftaucht, und vor allen Dingen die begleitenden Gefühle können uns Aufschluss geben über folgende Fragen:

- Wie stark ausgeprägt ist gegenwärtig mein Bedürfnis nach Ordnung im Leben? Was stelle ich mir unter dieser Ordnung vor? Was für eine Ordnung wünsche ich mir?
- Wie sieht der Zusammenhang zwischen meiner inneren Ordnung und meiner äußeren Ordnung aus?
- Wie gut spiegelt mein gegenwärtiger Platz in dieser Welt meine Vorstellungen von mir selbst wider?
- Wie stark habe ich das Gefühl, dass die Ordnung der Welt auch von meinem Lebensbeitrag abhängt?
- Wie deutlich fühle ich mich mit allen anderen Menschen verbunden und nehme sie als Bestandteil eines übergeordneten Netzwerkes wahr, in das wir alle als einzigartige Individuen eingebunden sind?

Einsiedler oder Einsiedlerin

Eine Traumgestalt des Typs »Einsiedler« erkennen Sie an folgenden Eigenschaften: meditativ, konzentriert, ruhig, still, berührt, selbstsicher, selbstlos, demütig, anspruchslos, nachdenklich, erfahren, zurückgezogen, kompromisslos, eigenbrötlerisch, sucht das Wissen und die Selbsterkenntnis, strebt nach innerer Kraft, verleugnet das Körperliche, asketisch, Misanthrop, verbittert, traurig, zynisch, zwanghaft, geizig, pessimistisch, depressiv.

Diese Traumgestalt steht in Verbindung mit unserer Kraft, einen klaren Entschluss fassen zu können, wenn die Zeit gekommen ist. Sie verkörpert die Fähigkeit, klare Bilder für das eigene Leben zu entwickeln und aus all unseren Fähigkeiten und Talenten diejenigen auszuwählen, die wir benötigen, um im Einklang mit uns selbst unsere Ziele zu erreichen. Auch die Geduld bringt der »Einsiedler« mit: Er hat den inneren Ruf vernommen, aber er kann warten, bis der rechte Augenblick kommt.

Die Art und Weise, wie eine Traumgestalt des Einsiedler-Typs auftaucht, und vor allen Dingen die begleitenden Gefühle können uns Aufschluss geben über folgende Fragen:

- Wie klar ist mir mein Leben gerade?
- Wie gut kann ich meinen Wünschen und Träumen einen Weg in die Verwirklichung ebnen?
- Wie weitsichtig plane ich?
- Wie ausgeprägt ist meine Geduld, den richtigen Zeitpunkt für meine Entscheidungen abzuwarten?
- Wie aufmerksam achte ich auf meine inneren Bedürfnisse, und wie gut kann ich gleichzeitig meinen Blick nach vorne richten?

Eine Traumgestalt des Typs »Narr« erkennen Sie an folgenden Eigenschaften: inspiriert, schöpferisch, talentiert, launisch, eigenwillig, wandelbar, sprunghaft, irritierend, bizarr, schillernd, farbenfroh, extravagant, kindlich, fantasievoll, individuell, originell, achtet auf sich selbst und seine Bedürfnisse, spirituell, sieht nur sich selbst, entwickelt sich nicht, unstet, ziellos, zerfahren, schizophren.

So wandelbar und eigenwillig dieser Traumtyp auch ist, er steht für unsere Fähigkeit, die Geräusche des Alltags anzuhalten und die Mitte in uns selbst zu finden. Er führt uns in das Auge des Sturmes, in die Mitte, in der absolute Ruhe herrscht. Hier können wir unsere Aufmerksamkeit auf das richten, was uns wirklich ausmacht und auf dem unser Leben aufbaut – den Ursprung unseres Wollens und Werdens, die Urbilder, die mit unserem Leben als Individuum in dieser Welt verknüpft sind.

Die Art und Weise, wie eine Traumgestalt des Narren-Typs auftaucht, und vor allen Dingen die begleitenden Gefühle können uns Aufschluss geben über folgende Fragen:

- Wie schöpferisch aktiv bin ich zurzeit?
- Wie gut gelingt es mir, mehr aus meinem Leben zu machen?
- Wie spielerisch gehe ich mit dem um, was mir gerade begegnet?
- Wie gut bin ich in Kontakt mit meinen Träumen und Fantasien?
- Wie gut bin ich in Kontakt mit meinen inneren Potenzialen, Talenten, Begabungen?
- Wie authentisch fühle ich mich?
- Wie gut gelingt es mir zurzeit, mich weiterzuentwickeln?

Traumdeutung in der Praxis

Die folgenden beiden Beispiele zeigen, wie sich entlang der von mir skizzierten Vorgehensweise Träume nach und nach dem Alltagsbewusstsein offenbaren. Es sind Beispiele aus meiner Praxis als Systemischer Therapeut und Berater, in der ich häufig mit Träumen arbeite, um Lösungen für Alltagsthemen zu finden.

Von Ärzten und dunklen Mänteln

Daniela erzählt folgenden Traum:

Ich bin bei meinem Hausarzt wegen der Rückenschmerzen. Ich habe einen Plastikbeutel voller Blut aufgelegt bekommen. Er ist jedoch in Eile und hat nicht wirklich Zeit für mich. Er will die Praxis schließen. Ich nehme den Beutel warm auf meinem Rücken wahr. Das ist sehr angenehm. Ich frage ihn nach dieser speziellen Behandlungsmethode, und er antwortet: »Das sind blitzende Messer.« Ich denke sofort an das Element Metall in der chinesischen Medizin, ansonsten weiß ich nichts über diese Art der Behandlung. Ich möchte eine Spritze bekommen und muss sie mir erbetteln. Ich bekomme die Spritze, die sehr viel Inhalt hat – es sieht aus wie dunkle Schokolade oder wie Blut. Ich erwarte die Spritze links, bekomme sie aber rechts, sehr schnell. Ich weiß nicht, was mir gespritzt wird. Noch während des Spritzens kommt die Sprechstundenhilfe und holt den Arzt ab. Beide tragen lange dunkle Mäntel. Ich stehe auf der Straße und sehe ihnen hinterher und denke noch, dass ich sie so auf der Straße gar nicht erkennen würde.

Die Quellen des Traums

Daniela beschreibt das Grundgefühl dieses Traums als eine Mischung aus Verwunderung und Neugierde. Außerdem glaubt sie, dass der Traum eine Information zur Heilwerdung für sie

...haltet, denn sie berichtet über die Quellen des Traums: »Ich habe aktuell starke Rückenschmerzen, weswegen ich regelmäßig meinen Hausarzt aufsuchen muss, um immer wieder Spritzen zu bekommen. Das Blut, so dunkel wie Schokolade, stammt von einem Besuch bei einem anderen Arzt, und zwar von einer Blutabnahme beim Endokrinologen. Ich erinnere mich, dass die Sprechstundenhilfe mich wortwörtlich danach gefragt hat, welcher Arm meine Schokoladenseite sei.«

Den Traum objektivieren

Im zweiten Schritt geht es darum, den Traum zu objektivieren, also das Traum-Ich in der Beschreibung durch die unpersönlichere Form der Träumerin zu ersetzen, um dem Traum aus der Distanzierung noch weitere Einzelheiten zu entlocken. Danielas objektivierter Traum klingt so:

Die Träumerin ist wegen Rückenschmerzen beim Hausarzt. Sie hat einen Plastikbeutel voll Blut auf ihrem Rücken liegen, was sehr angenehm und warm für sie ist. Vor ihr, sie liegt auf dem Bauch, befindet sich der Arzt. Die Träumerin ist neugierig, welche Behandlungsart das ist. Sie glaubt, dass es eine Methode der TCM ist. Der Arzt sagt, das wären die »Blitzenden Messer«. Die Träumerin sagt, sie kenne das Metall-Element, über die Behandlung weiß sie jedoch nichts. Sie wundert sich über das Blut. Es scheint ihr, dass der Arzt kaum Zeit für sie hat, er will weg. Sie bittet um eine Spritze, und sie bekommt auch eine. Diese Spritze hat viel Inhalt unbekannter Zusammensetzung, es ist jedoch wie dunkle Schokolade. Ist das Blut der Träumerin so süß? Es scheint auch bedeutsam zu sein, dass sie die Spritze nicht, wie erwartet, auf der linken, sondern auf der rechten Seite erhält. Die Träumerin ist darüber sehr verwundert, weil es auch sehr schnell geht. Es erscheint eine dritte Person im Raum, die

Sprechstundenhilfe Ingrid, um den Arzt dringend abzuholen. Die Träumerin steht auf der Straße und sieht den beiden in ihren langen dunklen Mänteln hinterher. Sie ist über ihr Aussehen verwundert, denn in Zivil hätte sie sie auf der Straße nicht erkannt.

Dieser Traum ist reich an merkwürdigen Bildern, doch nach dieser zweiten Beschreibung des Traums fällt Daniela vor allen Dingen auf, dass sie von dem Arzt stiefmütterlich behandelt wird, weil er die Behandlung abbricht, als die Sprechstundenhilfe zur Türe hereinkommt. Daniela vermutet sogar, dass sie mehr Informationen über ihre Krankheit bekommen hätte, wenn nicht Ingrid die Szene betreten und den Arzt zum Aufbruch gedrängt hätte. Besonders eindrucksvoll ist für sie das Bild, wie die beiden in langen, dunklen Mänteln die Straße entlanggehen. Der Konflikt des Traum-Ichs besteht darin, dass es offensichtlich nicht in der Lage ist, sein Bedürfnis auszudrücken, mit der nötigen Sorgfalt behandelt zu werden. Es erhebt keinen Einspruch, als die Behandlung unterbrochen wird, sondern toleriert es und blickt dem Arzt und der Sprechstundenhilfe ratlos und verwundert hinterher.

Eine Brücke zum Alltags-Ich schlagen

Gefragt, was sie sich denn von ihrem Traum-Ich wünschen würde, welchen Rat sie ihrem Traum-Ich geben würde, antwortet sie: »Das Traum-Ich sollte vor allen Dingen der Sprechstundenhilfe Einhalt gebieten und sich zur Wehr setzen. Schließlich unterbricht sie den Behandlungsprozess. Es sollte seine Rechte als Patientin einfordern.« Dann ergänzt sie: »Interessant daran ist, dass ich das als Alltags-Ich aus anderen Situationen gut kenne, in denen ich mich einfach füge, anstatt meine Bedürfnisse durchzusetzen. Ich habe tatsächlich häufig das Gefühl, zu kurz zu kommen.« Der

Traum spiegelt also nicht nur die aktuelle Situation, dass Daniela sich wegen ihrer Rückenschmerzen in Behandlung befindet, sondern bildet noch eine weitere Brücke in die alltägliche Erfahrung, indem er ein Grundgefühl zum Ausdruck bringt, das Daniela gut bekannt ist. »Auffällig ist auch«, ergänzt Daniela, »dass das Traum-Ich zwar nachfragt, was mit ihm gemacht wird, dass es aber eigentlich keine zufriedenstellenden Antworten bekommt. Hier würde ich dem Traum-Ich klar empfehlen, nicht einfach etwas über sich ergehen zu lassen, sondern weiter nachzufragen, bis sein Interesse gestillt ist. Das Traum-Ich ist hier eindeutig zu passiv – auch etwas, das ich aus manchen Situationen meines Lebens gut kenne.«

Hier verwandelt sich das Alltags-Ich in den Coach für das Traum-Ich – und damit werden wichtige Ressourcen auch für das Alltags-Ich aktiviert, denn da Daniela ihrem Traum-Ich diese Empfehlungen geben kann, weiß sie jetzt, dass sie über die entsprechenden Möglichkeiten verfügt. Die Beschäftigung mit dem Traum wird zu einer Art »Selbst-Coaching«, bei der mögliche Handlungsalternativen ganz von selbst gefunden werden.

Die Traumsymbole deuten

Doch der Traum hat noch eine ganz besondere Ebene, die gerade in der Nachbearbeitung sichtbar zu werden beginnt – es gibt hier etwas Rätselhaftes, fast Beunruhigendes für Daniela. »Was mich im Nachhinein besonders interessiert, sind diese dunklen Mäntel, die mir jetzt sogar wie eine Art Tarnung vorkommen. Irgendetwas haben sie zu verbergen. Auch am Anfang des Traums kommt etwas Ähnliches vor: Ich bekomme eine merkwürdige Substanz gespritzt, von der ich nicht weiß, was es ist. Und dann ist da ja noch diese merkwürdige Behandlungsmethode der ›Blitzenden Messer‹ … Mir schwebt jetzt einfach im

Kopf herum, dass hier nichts so ist, wie es scheint. Wer sind die beiden wirklich? Was haben sie vor?«

Was hat es mit diesen Mänteln auf sich? Hier haben wir ein Traumbild, das sich lohnt, eingehender bearbeitet zu werden. Daniela versucht, die Mäntel zunächst näher zu beschreiben: »Es sind keine wirklich schwarzen Mäntel, sondern eher alltagsgraue Mäntel, also Mäntel, die so grau sind, dass sie im Alltag verschwinden. Das macht sie zu Tarnmänteln. Irgendwie wirken diese Mäntel auf mich wie aus der Nachkriegszeit, ein bisschen wie Trenchcoats, aber eher dicker, schwerer und ohne Gürtel. Sie sind ziemlich groß, schlottern ein bisschen um die Figuren. Sie verhüllen, lassen Konturen verschwinden. Man kann bei den beiden auch gar nicht mehr unterscheiden, wer Mann und wer Frau ist, sie werden sich durch diese Mäntel sehr ähnlich. Ich würde sie auf der Straße in diesen Mänteln nie erkennen.«

Als sie gefragt wird, was diese Mäntel in ihr auslösen, überlegt Daniela zuerst, dann erwidert sie: »Irgendetwas soll versteckt werden, muss verheimlicht werden, darf nicht ans Licht. Das verwundert mich. Es fühlt sich auch so grau und trist an, irgendwie kalt, wenig lebensfroh. Es ist auch so ein Gefühl von Ausgeschlossensein, Abweisung dabei. Ich darf etwas nicht wissen. Sagt man nicht auch: Mantel des Schweigens?« Woran erinnert es Daniela? Welche Assoziationen tauchen auf? »Da ist etwas furchtbar Traditionelles dabei. Die Nachkriegszeit assoziiere ich mit Bedürftigkeit, viel Arbeit, Tristesse.«

Auf einer übergeordneten, symbolischen Ebene sind Mäntel häufig ein Zeichen für Würde und eine hohe Stellung, andererseits auch für Verkleidung und Verstellung. Mäntel verheimlichen etwas, in der Magie gibt es Mäntel, die unsichtbar machen. Mäntel verbergen die wahre Natur des Menschen, aber sie schützen sie auch. In der christlichen Symbolik trägt der Teufel oft einen schwarzen Mantel. »Das ist spannend«, merkt Daniela an. »Zu der Tarnung kommt das Element des Schutzes hinzu. So habe ich das noch gar nicht gesehen, aber es spricht mich sehr an. Vielleicht sollte ich die Frage verändern. Nicht mehr nur: Was verbergen die Mäntel? Sondern auch: Was schützen sie? Sehr rätselhaft. Das klingt bei mir auf verschiedenen Ebenen an.«

In einer anschließenden Aufstellung lassen wir das Bild der Mäntel lebendig werden, um diesem Rätsel auf die Spur zu kommen. Erstaunlicherweise erwies sich der Mantel tatsächlich als so etwas wie eine Schutzfunktion: In der Aufstellung tauchte eine übernommene Verantwortung aus der Vergangenheit auf, die sich über mehrere Generationen bis auf Daniela »vererbt« hatte. Es galt nun, sich vor diesem Druck in irgendeiner Form zu schützen – dafür steht der Mantel als Sinnbild. »Ich bin so froh, dass es diesen Mantel gibt«, bekennt Daniela während der Aufstellung. »Jetzt verstehe ich besser, was dieser Mantel verbirgt – und kann es auf eine neue Weise betrachten.« An dieser Stelle, so beschließen wir die Traumdeutung, ist vielleicht auch der erste Schritt in Richtung einer Heilung des Rückenleidens getan.

Die Botschaft des Traums steckt in jedem Bild

Dieses Beispiel ist typisch dafür, wie sich in jedem Detail des Traumgeschehens, in jedem Bild immer wieder die gesamte Botschaft verbirgt. Es spielt daher auch keine Rolle, mit welchem Traumbild wir beginnen, denn alle Bilder des Traums hängen miteinander so zusammen, dass sie ein System bilden: Berühre ich eines, bringe ich alle anderen auch in Schwingung, wie bei einem Mobile. Wir hätten sicherlich auch die nicht weniger faszinierenden »blitzenden Messer« als Ausgangsbild nehmen können, und vielleicht hätten wir dann etwas andere

Schwerpunkte gefunden. Doch die Kernbotschaft hätte sich auch über dieses Bild offenbart. Außerdem wird deutlich, wie wichtig es ist, sich in das Traumgeschehen auf die angegebene Weise zu vertiefen, denn erst durch die Nachbearbeitung der Bilder im Lichte des Alltagsbewusstseins tauchen wesentliche Assoziationen auf.

Die Dusche im Aufzug

Sabine erzählt folgenden Traum:

Ich befinde mich in einem Aufzug, in dem eine Dusche eingebaut ist. Der Aufzug fährt nach oben und nach unten, ich kann dies nicht beeinflussen. Also dusche ich. Es gibt eine schöne Aussicht über die Stadt, es ist entweder Berlin oder London. Ich steige unten aus, stelle aber fest, dass ich noch Seife am Körper habe, steige wieder ein und dusche erneut. Dann stelle ich fest, dass ich kein Handtuch habe, also lenke ich den Aufzug mit meinen Gedanken schwebend durch die Stadt bis zur Wohnung einer Freundin. Ich ziehe mich an und steige aus. Auf dem Weg sehe ich eine Wodka-Werbung.

Nach ihren ersten Schlussfolgerungen gefragt, assoziiert Sabine die Themen Kontrollverlust, die Frage danach, wie selbstbestimmt sie eigentlich durchs Leben geht und wie viel Fremdbestimmung sie zulässt. »Das Grundgefühl«, ergänzt sie, »ist sehr klar und durchweg positiv.« Das ist eine wichtige Botschaft, denn wir wissen: Das Grundgefühl bestimmt, auf welche Weise wir den Traum und seine Bilder deuten werden.

Die Quellen des Traums

Bei der Suche nach Quellen des Traums im jüngsten Alltagserleben, erinnert sich Sabine: »Der Wodka erinnert mich an ein Gespräch vor zwei Tagen, in dem es um das Alkoholproblem einer

Bekannten ging, und in diesem Zusammenhang spielte auch Wodka eine Rolle. Als ich gestern mit dem Rad zur Arbeit fuhr, regnete es in Strömen, und ich dachte mir, dass ich mir die morgendliche Dusche wohl hätte sparen können. Dass Berlin in meinem Traum vorkommt, könnte damit zusammenhängen, dass ich unlängst mit einer guten Freundin, die nach Berlin gezogen ist, telefoniert habe. Und eine andere Freundin, die ebenfalls nach Berlin gezogen ist, wird mich demnächst besuchen.«

Der Traum bedient sich also sehr offenkundig ganz aktueller Erfahrungen und nutzt sie, um eine Botschaft plastisch darzustellen.

Eine Brücke zum Alltags-Ich schlagen

Die Objektivierung des Traums verändert seine Inhalte kaum, dennoch, so berichtet Sabine, kommt ihr seine Botschaft durch die Trennung zwischen Traum-Ich und Alltags-Ich nun noch klarer vor. Durch das Reflektieren über das Traumgeschehen sind ihr mehrere Themen ins Bewusstsein gerückt, die zu ihrer gegenwärtigen Lebenssituation passen. Tatsächlich geht es zurzeit in ihrem beruflichen Leben genau darum: sich in eine Situation zu fügen, die von außen gesteuert wird und die sie gegenwärtig nicht ändern kann. Dieses Einfügen hat sogar positive Züge – im Traum beschreibt sie die Aussicht über die Stadt als schön. Doch bestimmte Entwicklungen am Arbeitsplatz haben dazu geführt, dass sie am liebsten aussteigen würde, aber das Projekt, in dem sie sich engagiert hat, ist noch nicht beendet (»Seifenreste«), sie kann es nicht einfach verlassen, weil sie vertraglich daran gebunden ist.

Doch während Sabine im Alltag sich der Situation ergeben hat, beginnt das Traum-Ich die Lage zu verändern. An einem bestimmten Punkt beschließt das Traum-Ich, nicht länger nur Opfer der Situation zu sein, sondern die Kontrolle zu übernehmen: Als dann noch nicht einmal ein Handtuch vorhanden ist, um die Seifenreste abzutrocknen, beginnt es den Aufzug mit Gedankenkraft zu steuern! Das Interessante daran: Anstatt die Situation zu verlassen, bedient sich das Traum-Ich des Aufzugs und funktioniert ihn zu einem Fahrzeug um, mit dem es selbstbestimmt navigieren kann. Das Traum-Ich übernimmt aktiv die Steuerung – etwas, das sich das Alltags-Ich im gegenwärtigen Moment nicht vorstellen kann. Das Traum-Ich ist also dem Alltags-Ich voraus. Zugleich zeigt es, dass Sabine die Ressourcen besitzt, um ihre Situation selbst in die Hand zu nehmen. Es offenbart aber auch eine wichtige Stärke: die Fähigkeit, sich auf etwas einzulassen für eine Weile, auch wenn die Bedingungen nicht optimal sind, und dann das Beste daraus zu machen. Doch, so könnte der Rat des Traum-Ichs lauten, jetzt ist ein Punkt erreicht, an dem es darum geht, die Situation für sich zu entscheiden und nicht länger über sich ergehen zu lassen.

Sabine fasst die Erkenntnisse so für sich zusammen: »Es ist gut, dass ich mich in Konfliktsituationen erst einmal nicht aus der Ruhe bringen lasse, sondern auch abwarten kann, was auf mich zukommt, um dann das Beste daraus zu machen, weil ich ja nichts ändern kann: ›Nun bin ich schon mal in diesem Aufzug mit einer Dusche – dann dusche ich halt.‹ Doch jetzt scheint der Zeitpunkt gekommen zu sein, an dem ich die Kontrolle übernehmen muss. Das Interessante daran ist, dass mir der Traum zeigt, dass es gar nicht darum geht, mich einfach zu verabschieden (den Aufzug zu verlassen). Sondern ich kann auch diese Situation wie ein Vehikel nutzen, um andere Ziele zu erreichen. Das ergibt für mich im Moment sehr viel Sinn.« Das Traum-Ich hat also das Alltags-Ich daran erinnert, welche Ressource es einsetzen könnte, um die Situation wieder für sich zu entscheiden.

Die Traumsymbole deuten

Doch was hat es mit der merkwürdigen Wodka-Werbung auf sich? Das Bild fällt ein wenig aus dem Rahmen, hat scheinbar so gar keinen Bezug zur gesamten Geschichte, die an sich sehr stringent ist – und gerade deshalb verdient es besondere Aufmerksamkeit. Im Zuge der Beschäftigung mit diesem Bild glaubt sich Sabine an weitere Details zu erinnern: »Das Plakat hängt gut sichtbar an einer Hauswand und ist in Blautönen gehalten, neben der Wodka-Flasche stehen auch noch zwei Gläser.«

Wir schicken das Bild durch die vier Ebenen des Traumbildes. Gefragt nach den ersten Reaktionen auf dieses Bild, muss Sabine passen: »Ich empfinde nichts bei diesem Bild, es löst nichts Besonderes bei mir aus.« Die Assoziationen fallen üppiger aus: »Wir haben, wie ich schon sagte, über eine Bekannte und ihr Alkoholproblem gesprochen, und da sind wir auf Wodka gekommen. Ich erinnere mich nur, dass wir dann vom eigentlichen Thema abgekommen sind und einstimmig beschlossen haben, dass Wodka wohl noch der beste Alkohol sei, um sich zu betrinken.« Warum der beste Alkohol? »Weil er der reinste Alkohol ist.« Woran denkst du, wenn es um Reinheit geht? »Da kommt mir so etwas wie ›Unschuld‹ in den Sinn. Da fällt mir auch die Dusche im Aufzug ein, da ging es ja darum, sich zu waschen.« Woran denkst du, wenn du an Unschuld denkst? »Ich stelle mir ein Kind vor.« Und was fällt dir zu »Kind« ein? Sabine denkt einen Augenblick nach, scheint in sich zu gehen. Dann antwortet sie: »Ich sehe ein Kind in der Schule sitzen, das sinnlosen Frontalunterricht über sich ergehen lassen muss.« Nach einer Weile fügt sie hinzu: »Genau so war es in meiner Kindheit. Das ist wieder das Thema mit der Kontrolle: Etwas über sich ergehen lassen, bis man eine Möglichkeit findet, sich irgendwie auszuklinken. Und noch etwas fällt mir ein: Meine Eltern wollten mich als Kind immer wieder mal dazu überreden, auf Familienfesten Alkohol zu trinken – und dort wurde ausschließlich Wodka gesoffen! Ich habe mich geweigert, weil ich gesehen habe, wie der Alkohol sie verändert hat und sie sich regelmäßig betrunken und gestritten haben.«

Sabine ist durch die Assoziationen an einen Punkt gekommen, an dem hinter der Wodkaflasche eine Kindheitserinnerung aufgetaucht ist, in der es um das Grundthema des Traums geht: etwas über sich ergehen lassen müssen, die Kontrolle verlieren. »Vielleicht«, denkt Sabine weiter, »hat dieses Schlussbild die Funktion, mich daran zu erinnern, dass es andere Wege gibt, die Kontrolle zu verlieren: einmal indem ich mich narkotisiere und alles über mich ergehen lasse, oder aber indem ich die Kontrolle selbst in die Hand nehme. Vielleicht geht es auch nicht nur um die Kontrolle von außen, sondern auch um die Kontrolle, die ich über mich selbst habe. Ich habe manchmal Angst, die Kontrolle zu verlieren, nicht mehr Herr über meine Sinne zu sein. Daher trinke ich auch sehr ungern Alkohol. Dennoch weiß ich, dass ich mir ziemlich viele Chancen verbaue, weil ich mich nicht von bestimmten Verhaltensmustern lösen kann.«

Wir schlagen in einem Symbole-Lexikon unter »Alkohol« nach und stoßen auf »Aqua vitae«, das Wasser des Lebens, die Vereinigung der Gegensätze von Feuer und Wasser. »Das ist interessant!«, begeistert sich Sabine. »Es geht also um die Verbindung von zwei an sich gegensätzlichen Dingen – wie in meinem Traum, in dem ich sowohl in der Situation bleiben als auch mich von der Kontrolle befreien konnte.«

Hinter diesem unscheinbaren Traumbild der Wodkaflasche verbirgt sich neben einer Erinnerung an die Kindheit ein weiteres Detail, mit dem Sabine ihre aktuelle Lebenslage neu beleuchten kann. Dieser Traum ist insgesamt ein gutes Beispiel für das Traum-Ich als »mein innerer Coach«.

Mit Träumen arbeiten

Es gibt verschiedene Möglichkeiten, mit Träumen zu arbeiten. Die wichtigsten werden in diesem Kapitel beschrieben. Bei der Trauminkubation versuchen wir, unsere Träume thematisch in eine bestimmte Richtung zu lenken. Bei der Arbeit mit Alpträumen konfrontieren wir uns mit den eher bedrohlichen Anteilen unserer Persönlichkeit. Nicht zuletzt können wir den Traum durch bestimmte Techniken als Inspiration für unsere Kreativität nutzen.

Trauminkubation

»Darüber muss ich noch einmal schlafen!« – Diese Redensart bekommt einen ganz anderen Sinn, wenn wir sie dahingehend verstehen, dass der Traum dazu verwendet werden kann, uns gezielt Antworten auf anstehende Entscheidungen zu geben. Jeder Traum gibt uns Antworten – zumeist auf Fragen, die wir so nicht gestellt haben oder die uns gar nicht bewusst sind. Es gibt aber die Möglichkeit, den Traum so zu »programmieren«, dass er eine gezielte Botschaft für uns bereithalten kann – diese Methode nennt man Inkubation eines Traums.

Träume als Problemlöser

Über alle Zeiten und Kulturen hinweg haben Menschen geglaubt, dass Träume nicht nur wirre Hirngespinste sind, sondern auch die Schlüssel zur Lösung ihrer Probleme offenbaren können. Der Traum birgt ein Geheimnis in seinen Bildern, und dieses Geheimnis gilt es, zu entschlüsseln, um das Rätsel des eigenen Lebens zu lösen. Dazu verließ man sich nicht nur darauf, dass der Traum schon das richtige Bild zur gegebenen Zeit schicken würde, sondern man versuchte, den Traum so zu beeinflussen, dass er eine Antwort auf eine bestimmte Frage geben würde.

Wer in Sri Lanka beispielsweise ein neues Haus bauen wollte, der schlief erst einmal eine Nacht an dem dafür vorgesehenen Ort und deutete den Traum als Hinweis darauf, was ihn an diesem Platz widerfahren würde, wenn er sein Heim darauf errichten würde. In unserer Kultur nutzte man bestimmte Nächte, z. B. die der Wintersonnenwende, um einen Blick in die Zukunft zu werfen, zumeist mit dem Wunsch, den künftigen Geliebten zu sehen. Dazu sollte man sich in der besagten Nacht mit den Füßen auf das Kissen ins Bett legen, weil man dann in die Zukunft blicken könne.

Oft ist die Inkubation eines Traums mit bestimmten Plätzen verbunden, die eine besondere Ausstrahlung besitzen. Man ging dorthin, um zu träumen. Die Babylonier besuchten z. B. den Tempel von Makhir, der Göttin der Träume, damit diese ihnen im Traum den Willen des Himmels offenbare. Die Ägypter verbrachten dazu Nächte im Tempel des Serapis oder einer anderen Gottheit wie Isis, Thot oder Amun-Re, die alle im Traum wichtige Botschaften vermitteln konnten. Im antiken Griechenland versprach ein Traum im Tempel des Asklepios Botschaft über Heilung.

Aus dieser Zeit wissen wir auch, dass die Trauminkubation mit bestimmten Ritualen vorbereitet wurde: Die Traumsucher wurden gereinigt, mussten im Vorfeld eine Diät einhalten, durften z. B. keinen Alkohol trinken oder mussten ein Tier opfern. Dann gingen sie in eine spezielle Schlafkammer, das Abaton, ein enger, an den Mutterschoß erinnernder Raum, und warteten dort Stunden und manchmal Tage, bis ihnen Asklepios im

Traum erschien. Ähnliche Riten sind uns aus dem antiken Rom, aus China, von den Ureinwohnern Amerikas und von den Kelten überliefert.

Traumbewusstsein als innerer Coach

Genau in dieser Tradition stehen die Techniken, die im Folgenden vorgestellt werden: Sie sollen das Traumbewusstsein zu unserem inneren Coach machen, zu einem weisen Ratgeber, der uns helfen kann, Probleme des Lebens zu lösen und Antworten auf Fragen zu geben, die uns gerade beschäftigen.

Im Vorfeld muss eins klar gesagt werden: Der Traum wird selbstverständlich seinen symbolischen und teils bizarren Charakter behalten – man sollte sich nicht vorstellen, dass er eine vor dem Einschlafen gestellte Frage klar und deutlich beantworten wird. Deshalb gibt es nur selten »Beweise« dafür, dass das, was man geträumt hat, auch wirklich die Antwort auf die Frage oder den Wunsch ist. Dennoch ist es für alle, die sich längere Zeit intensiv mit der Deutung ihrer Träume beschäftigt haben, sinnvoll, diese Methode anzuwenden. Wenn wir davon ausgehen, dass die Inkubation einen Keim setzt, um den herum sich Traumbilder entwickeln können, können wir einen solchen Traum einfach so deuten, als ob er eine gezielte Antwort wäre.

Bereiten Sie den Schlafplatz vor

Auch wir sollten uns auf den Traum vorbereiten. Besonders wirkungsvoll ist es, wenn wir den Platz, an dem wir uns hinlegen werden, um zu träumen, besonders herrichten. Am besten ist natürlich ein eigens dafür vorgesehener Raum, dem wir gewissermaßen schon die spezielle Bedeutung geben, dass hier Lösungen für unsere Probleme gefunden werden. Doch es genügt auch, wenn wir unsere übliche Schlafstätte auf besondere Weise herrichten, indem wir sie mit persönlichen Symbolen schmücken, die vielleicht mit der Fragestellung zu tun haben. Vielleicht entzünden wir ein Räucherwerk oder geben ein paar Tropfen Duftöl in die Duftlampe. Oder wir besorgen uns unsere Lieblingsblumen. Wer besonders naturverbunden ist, kann auch bei gutem Wetter einen Platz im Freien aufsuchen. Träume unter freiem Himmel werden oft als besonders intensiv und aussagekräftig erlebt. Wichtig ist, dem Ort eine spezielle Bedeutung zu geben. Es muss einen deutlichen Unterschied machen zu unserer üblichen Schlafstätte.

Auch ein reinigendes Bad im Vorfeld und tatsächlich der Verzicht auf Genussgifte aller Art wie Nikotin, Alkohol oder Ähnliches ist empfehlenswert. Vielleicht lassen Sie sogar das Abendessen aus oder essen nur etwas ganz Leichtes. Bereits vor dieser ganz speziellen Traumreise müssen Sie Ihrem Wachbewusstsein klarmachen, dass es sich auf eine besondere Nacht einzustellen hat. Eine feierliche, aber entspannte, intime Atmosphäre, in der Sie sich zugleich wohl und inspiriert fühlen, ist wichtig.

Es ist auch nützlich, sich schon tagsüber immer wieder daran zu erinnern, dass Sie sich in der kommenden Nacht auf die Suche nach einer Antwort im Traum machen werden. Nutzen Sie dazu die Übungen aus dem Kapitel »Sich an Träume erinnern«, um die Grenze zwischen Wach- und Traumbewusstsein so oft wie möglich schon im Wachzustand aufzuweichen. Wenn Sie mögen, können Sie auch höhere Kräfte, Ihre Ahnen oder andere Wesenheiten, denen Sie vertrauen, bitten, Ihnen einen klärenden Traum zu schicken.

Formulieren Sie die Frage

Folgende Vorgehensweise hat sich bewährt: Beschäftigen Sie sich vor dem Schlafengehen eine Zeitlang intensiv mit der Frage, dem Wunsch oder dem Problem. Versuchen Sie, sich für alle Möglichkeiten und Facetten offenzuhalten, und spüren Sie nach, ob Sie nicht schon längst eine bestimmte Antwort im Kopf haben. Im Zweifelsfall überlegen Sie sich alle möglichen Antworten – negative sowie positive. Wenn Sie dies schriftlich tun, vertieft es die Inkubation enorm.

Versuchen Sie, eine Frage zu formulieren, und wiederholen Sie diese ständig. Schreiben Sie sie auf, sprechen Sie sie laut aus, und denken Sie so oft wie möglich an sie. Lassen Sie Ihr gesamtes Bewusstsein um diese Frage kreisen. Vermeiden Sie negative Formulierungen: Statt »Was kann ich tun, um nicht mehr so allein zu sein?« sollten Sie besser fragen »Was kann ich tun, um eine glückliche Beziehung aufzubauen?« Vermeiden Sie Wörter wie »nicht«, »kein« und »ohne«.

Vermeiden Sie Fragen, die mit ja oder nein beantwortet werden können, »Soll ich oder soll ich nicht …?« – Ihr Traum-Ich kann Ihnen nicht die Verantwortung für Ihre Entscheidungen abnehmen! Gut sind Fragen nach dem Wie oder Was: »Wie kann ich mich besser …?«, »Was kann ich tun, damit …?«

Um sich auf eine positive Antwort im Traum einzustimmen, empfiehlt es sich, im Vorfeld lösungsorientierte Fragen zu stellen, z. B.: »Woran merke ich, wenn ich morgen früh aufgewacht bin, dass ich im Traum eine Antwort auf meine Frage bekommen habe? Was ist dann anders?« Sie könnten z. B. das Gefühl beschreiben, das sich dann bei Ihnen einstellt: Sie fühlen sich dann erleichtert, freudig, gelassen, ruhig, klarer. Versuchen Sie, so genau wie nur möglich den Zustand zu beschreiben, der eintritt, wenn das Problem, mit dem Sie in das Traumbewusstsein einsteigen, gelöst oder die Frage beantwortet ist. Fragen Sie sich ruhig immer weiter: »Und was ist noch anders? Woran merken andere, dass sich bei mir das Problem gelöst hat? Wer merkt es als Erstes? Wie verhalte ich mich dann anders?« Je genauer Sie sich diesen Zustand der Lösung vergegenwärtigen, umso klarer polen Sie Ihr Bewusstsein auf eine Antwort im Traum. Notieren Sie sich am besten die wichtigsten Erkenntnisse in Ihrem Traumtagebuch.

Vertrauen Sie sich dem Traum an

Wenn Sie sich zu Bett gelegt haben, bitten Sie Ihr Unterbewusstsein, den Schlaf, den Traum oder ein höheres Wesen (woran auch immer Sie glauben), Ihnen eine Botschaft auf Ihre Frage zu schicken. Sie können auch die Frage auf einen Zettel schreiben und sich unters Kopfkissen legen. Manche Menschen besprechen einen kleinen Bergkristall mit ihrer Bitte und legen diesen dann unter das Kissen oder auf einen kleinen Altar, der für solche Zwecke bestimmt ist. Wer möchte, kann auch vor dem Einschlafen noch eine Räucherung durchführen und die Bitte mit dem aufsteigenden Rauch verbinden.

Sehr wichtig ist es, die hypnagoge Phase des Einschlafens zu nutzen. Hier tauchen spontan Bilder auf, die schon sehr an Traumgeschehen erinnern. Versuchen Sie, Ihre Gedanken und Gefühle bezüglich Ihrer Fragestellung in diese Bilder einfließen zu lassen. Vertrauen Sie jetzt Ihre Frage dem Schlaf an! Und vertrauen Sie darauf, dass der Traum die Antwort weiß! Lassen Sie los!

Analysieren Sie den Traum

Am nächsten Morgen schreiben Sie alles auf, woran Sie sich erinnern können: Gedankenfetzen, Traumbilder, Gefühle. Nehmen Sie das, was kommt, noch nicht als Antwort oder Resultat wahr, sondern notieren Sie alles unbefangen.

Erst später analysieren Sie den Traum, wobei Sie ein Hauptaugenmerk darauf legen, ob und inwieweit das Erlebte eine Reaktion auf Ihre inkubierte Frage gewesen ist. Stellen Sie sich folgende Fragen:

- Geht der Traum auf meine Frage ein? Wenn ja, inwiefern?
- Geht der Traum nicht auf meine Frage ein? Wenn ja, inwiefern?
- Gibt es eine andere Frage, die ich nicht gestellt habe, auf die der Traum eingeht?

Vielleicht bekommen Sie in der ersten Nacht noch keine Antwort. Dann versuchen Sie es in der folgenden und der darauffolgenden noch einmal. Werden Sie nicht ungeduldig, denn manchmal braucht es eben seine Zeit. Vor allen Dingen denken Sie daran: Mit der Trauminkubation können Sie Ihr Traumleben nicht kontrollieren oder gar manipulieren. Auch kann ein Traum niemals alleine die Wahrheit verkünden – der Traum macht Ihnen keine Vorschriften: »Dies oder jenes musst du jetzt tun!« Er bietet Ihnen lediglich Möglichkeiten an, eben auch solche, an die Sie vielleicht gar nicht gedacht haben. Oder er gibt Ihnen Gewissheit auf einem einmal eingeschlagenen Weg. Die letzte Entscheidung kann er uns aber nicht abnehmen.

Alpträume

Wer Alpträume hat, sollte sich darüber im Klaren sein, dass sie etwas sehr Menschliches sind. Der Alptraum zeigt uns in erster Linie, wie verletzlich unser Leben ist und auf welch wackligen Fundamenten es oft gebaut ist. Aber Alpträume auszuhalten, hat auch etwas Stärkendes – insbesondere für Kinder: Wir erleben, dass nach all der Panik, dem Entsetzen und dem Schrecken das Leben weitergeht, dass wir auch die negativen Kräfte des Lebens bewältigen und integrieren können – dass sie Teil des Lebens sind.

Wenn Kinder Alpträume haben

Wie kann man mit Kindern umgehen, die nachts von einem fürchterlichen Alptraum erwachen? Als Sofortmaßnahme sollten Sie das Kind zunächst einfach beruhigen, damit es wieder einschlafen kann. Erst am nächsten Tag ist es sinnvoll, darüber zu sprechen. Achten Sie dabei darauf, dass Sie die angsteinflößenden Traumbilder ernst nehmen und nicht als Fantasie abtun. Erst wenn sich der nächtliche Horror auffällig häuft, sollten Sie überlegen, ob mehr dahintersteckt. Kinder sind wesentlich empfindsamer für Stress und überzogenen Leistungsdruck. Auch unbewältigte familiäre Krisen, traumatische Erlebnisse und Verlustängste können sich in Alpträumen einen Weg nach außen schaffen. Das Ergebnis sind Übermüdung, schlechte Laune und Konzentrationsmangel. Häufig weigern sich Kinder auch, vor lauter Angst abends ins Bett zu gehen. Wenn sich die Lage zuspitzt, sollte in jedem Fall ein Fachmann zu Rate gezogen werden.

Kindern können Sie bei der Bewältigung ihrer Alpträume helfen, indem Sie sie dazu animieren, die Traumbilder zu malen – allerdings mit dem Zusatz: »Was kannst du in das Bild einzeichnen, damit es dir weniger Angst macht?« Begleiten Sie das Kind dabei, und sprechen Sie mit dem Kind über das Bild. Dadurch werden Gegenbilder im Bewusstsein des Kindes wach, die es stärken können – eine Therapie, die Sie im Übrigen auch als erwachsener Mensch bei eigenen Alpträumen anwenden können!

Das Verändern der Alpträume im Wachzustand scheint eine hilfreiche Methode zu sein, die jeder anwenden kann. Wenn Sie nicht malen oder zeichnen wollen, können Sie natürlich auch den Traum aufschreiben und dann so lange verändern, bis er seine Bedrohung verloren hat, indem Sie z. B. Helfer einführen, die Ihnen zur Seite stehen, sich selbst neue Kräfte zuschreiben oder Hilfsmittel erfinden, mit denen Sie sich verteidigen können, etc. Der Fantasie sind dabei keine Grenzen gesetzt – im Traum ist schließlich alles möglich! Dann entspannen Sie sich und »tagträumen« diesen veränderten Traum (siehe S. 68 f.).

Einen Alptraum sinnvoll deuten

Alpträume sind häufig ein Hinweis darauf, dass wir schwerwiegende Probleme vor uns herschieben oder sie zu verdrängen versuchen: Die verdrängten Inhalte holen uns im Schlaf wieder ein. Gerade in Krisenzeiten, z. B. in einer Trennungsphase und während eines beruflichen Umbruchs, können sich Alpträume mehren – wenn wir uns den Ängsten nicht im Alltag stellen, sondern versuchen, stärker zu sein, als wir in Wahrheit sind.

Um einen Alptraum zu verstehen, muss man sich bewusst sein, dass auch er eine Botschaft aus den tieferen Bewusstseinsschichten unserer Persönlichkeit ist. Er will uns etwas mitteilen. Allerdings ist die Auseinandersetzung mit diesen Träumen nicht so einfach und unter Umständen alles andere als ein Vergnügen. Es ist daher sehr hilfreich, die Deutungsarbeit immer mit einer der erwähnten selbsttherapeutischen Maßnahmen zu verknüpfen. Gerade die Arbeit mit Alpträumen zeigt, wie gut und fruchtbar sich die Zusammenarbeit von Wachbewusstsein und Traumbewusstsein in der Traumarbeit auf unser Leben auswirken kann.

Generell gelten dieselben Prinzipien der Deutung wie bei normalen Träumen. Sie können also nach dem vorgestellten Schema vorgehen. Wenn Sie z. B. von einem Ungeheuer verfolgt werden, überlegen Sie: Wovor fliehe ich auch im Alltag? Was verkörpert mein Verfolger? Sind es möglicherweise Anteile meiner eigenen Persönlichkeit? Was will der Verfolger von mir? Welche drängenden Probleme in meinem Leben sind noch nicht gelöst oder werden von mir nicht genügend beachtet? Muss ich eine Entscheidung treffen?

Kreativ träumen

Die folgenden Anregungen sollen Sie inspirieren, sich der Grenze zwischen Wach- und Traumbewusstsein auf kreative Weise zu nähern. Wie wäre es, wenn wir den Traum nicht nur als Ratgeber schätzen lernen, sondern auch als Quelle der Inspirationen für unsere Schöpferkraft? Warum verbringen wir nicht abseits aller drängenden Fragen des alltäglichen Lebens einfach »nur« eine gute Zeit mit unseren Träumen? Wer das Traumbewusstsein ebenso hoch einschätzt wie das Wachbewusstsein, der wird feststellen, dass der Traum mehr zu bieten hat als nur gute Ratschläge: Er kann unseren Alltag bunter, lebendiger und intensiver machen.

Die folgenden Experimente können Ihr Traumerleben erheblich steigern und Ihnen noch weitere Facetten jenes Stoffs, aus dem die Träume sind, aufzeigen. Gehen Sie spielerisch daran, und notieren Sie auf jeden Fall die Unterschiede, die ein solches Experiment in Ihrer Traumerinnerung zur Folge hat. Auf diese Weise werden sich Ihnen Gegenden des Traumlands eröffnen, die Ihnen bislang vielleicht noch verschlossen waren. Lassen Sie sich überraschen! Sie dürfen gespannt sein, was für ungeahnte Möglichkeiten Ihr Traumbewusstsein noch für Sie auf Lager hat.

Die Schlafposition ändern

Das erste Experiment bezieht sich auf die Position, die wir üblicherweise einnehmen, wenn wir uns zum Schlafen hinlegen. Beobachten Sie zunächst einfach selbst: In welcher Stellung schlafen Sie ein? Und wie wachen Sie wieder auf? Es ist bekannt, dass wir im Schlaf mehrmals die Position verändern, doch wie sieht es beim Einschlafen und beim Aufwachen aus? Liegen Sie auf dem Rücken? Auf dem Bauch? Auf der linken oder der rechten Seite? Auch wenn Sie manchmal mitten in der Nacht aufwachen, merken Sie sich die Position, in der das geschieht.

Nun verändern Sie beim Einschlafen ganz bewusst die Position. Nehmen Sie eine Stellung ein, die eher ungewöhnlich ist für Sie. Welchen Unterschied können Sie in Ihren Träumen beobachten? Versuchen Sie, ganz gezielt die Stellung einzunehmen, die Sie innehaben, wenn Sie aufwachen. Was für einen Unterschied macht das in Ihrem Traumerleben? Experimentieren Sie ruhig einige Tage damit, und beobachten Sie, welche Veränderungen sich allmählich einstellen.

Dem Traum Gestalt geben

In diesem Experiment geht es darum, andere Aufzeichnungsweisen als das Schreiben zu verwenden, um den Traum nach dem Aufwachen festzuhalten. Natürlich ist nicht jeder von uns ein begnadeter Künstler. Doch darum geht es gar nicht. Wir wollen einfach einen anderen Zugang zu unserer Bilderwelt ausprobieren und sehen, ob sich für uns neue Erkenntnisse zeigen.

Zunächst besorgen Sie sich weiche Zeichenstifte in verschiedenen Farben. Bunte Filzstifte sind besonders gut geeignet, aber wählen Sie ruhig die Utensilien aus, die Ihnen besonders liegen.

Sie können Ihre Traumgemälde natürlich in Ihr Traumtagebuch malen, aber vielleicht ist es für Sie angenehmer, einen großen, weißen Block zu verwenden, damit Sie genügend Platz haben für die Bilderwelt. Dann suchen Sie sich einen Traum aus, am besten einen, der noch ganz frisch ist.

Nun lassen Sie den Traum vor Ihrem inneren Auge Revue passieren, und achten Sie dabei vor allen Dingen auf Formen und Farben. Versuchen Sie, alles, was Ihnen im Traum begegnet, in Formen und Farben umzusetzen – auch Gefühle! Welche Form könnte z. B. Wut haben? Und welche Farbe Trauer? Wie sieht Freude aus und wie Angst? Wenn Gegenstände in Ihrem Traum auftauchen, dann reduzieren Sie sie auf möglichst einfache Formen – es geht nicht darum, eine detailgetreue Skizze anzufertigen. Auch Personen aus Ihrem Traum sollten Sie in Formen und Farben verwandeln: Vielleicht assoziieren Sie mit der einer Gestalt eher ein grünes Dreieck, mit der anderen ein pinkfarbenes Quadrat? Eine andere ist ein blaues Knäuel und wieder eine andere ein gelbes Oval? Es gibt hier keine Grenzen Ihrer Fantasie. Sie können bestimmten Farben auch bestimmte Assoziationen zuordnen. So könnten Sie angenehme Bilder in Blautöne kleiden, spannende in Rottöne. Lassen Sie sich ganz von Ihrer Intuition leiten. Sicher werden Sie nicht den gesamten Traum in ein Bild verwandeln können, daher konzentrieren Sie sich ruhig auf das Traumgeschehen, das Sie besonders fasziniert, oder versuchen Sie, einfach einen Gesamteindruck des Traums wiederzugeben.

Nachdem Sie mit Ihrem Werk fertig sind, nehmen Sie sich ein paar Minuten Zeit, um es zu betrachten. Was fällt Ihnen auf? Welche neuen Erkenntnisse erschließen sich Ihnen? Möglicherweise tauchen keine klaren Gedanken auf, sondern bestimmte Gefühle und Empfindungen. Notieren Sie das alles in Ihr Traumtagebuch. Es ist auch sinnvoll, ein oder sogar zwei Wochen später das Bild noch einmal zu betrachten und zu prüfen, ob Sie es nun mit anderen Augen sehen. Was hat sich in der Zwischenzeit verändert? Welche Erinnerungen an den Traum werden durch das Betrachten des Bildes wach? Möchten Sie vielleicht sogar etwas hinzufügen? Welche neuen Einsichten offenbaren sich?

Das Traumlied

In der Regel spielen sich über 80 Prozent des Traumerlebens auf der visuellen Ebene ab. Das heißt aber nicht, dass die anderen Sinne untätig sind. Das folgende Experiment zielt darauf ab, das Gehör im Traum einzusetzen. Wir können nämlich nicht nur Gedanken und Bilder mit in unseren Traum nehmen, sondern auch Geräusche und sogar Musik. Diese werden unser Traumerleben verändern und uns unter Umständen neue Zusammenhänge offenbaren.

Suchen Sie sich zunächst ein Geräusch aus, das Sie gerne in Ihren Traum mitnehmen möchten. Jedes Geräusch ist geeignet. Sie könnten z. B. einfach eines nehmen, das sich ohnehin gerade anbietet, weil es Sie beim Einschlafen begleitet, wie das Ticken einer Uhr. Sie können aber auch ganz bewusst Geräusche aussuchen, die Sie dann von einer CD abspielen, z. B. Naturgeräusche wie Meeresrauschen, Walgesänge, Regenschauer oder Vogelgezwitscher. Wenn Sie Aufnahmen von verschiedenen Vogelgesängen haben, dann können Sie sogar damit experimentieren: Macht es einen Unterschied, ob Sie sich vom Gesang einer Amsel in den Schlaf begleiten lassen oder vom dunklen Lied einer Eule? Die Geräusche sollten Sie natürlich nicht vom Einschlafen abhalten, sondern sich gut in den Hintergrund integrieren. Stellen Sie Ihr Abspielgerät auf Endlos-Wiederholung, damit das Geräusch die ganze Nacht über anhalten kann. Als Lautstärke genügt es, wenn Sie es gerade noch hören können. Dann nehmen Sie sich fest vor, dieses Geräusch in Ihren Traum mitzunehmen. Äußern Sie dies, wie Sie es bereits aus der Traumarbeit kennen, als eine feste Absicht. Im Zweifel sagen Sie es laut vor sich hin. Wenn Sie am nächsten Morgen aufwachen, beobachten Sie, auf welche Weise Ihr Traumbewusstsein das Geräusch integriert hat. Am besten wiederholen Sie dieses Experiment einige Tage lang, um zu sehen, ob sich der Effekt steigert.

In einem nächsten Schritt können Sie dies auch mit Musik versuchen. Entweder Sie spielen ein Musikstück während des Einschlafens ab, oder Sie singen oder summen ein Lied, kurz bevor und während Sie einschlafen. Beobachten Sie wieder, welchen Unterschied dies macht. Vielleicht offenbart Ihnen der Traum sogar eine neue Melodie, ein sogenanntes Traumlied.

Wörter werden Träume, Träume werden Wörter

Eine ganz besonders spannende Methode, das Traumgeschehen zu bereichern, ist, sich vor dem Einschlafen mit Wörtern zu beschäftigen. Dazu brauchen Sie am Anfang nichts weiter als zwei Wörter, die Ihnen in den Sinn kommen, z. B. »Biene« und »Buch«. Beginnen Sie schon tagsüber damit, sich möglichst viele Sätze auszudenken, in denen diese beiden Wörter vorkommen. Machen Sie das so lange, bis sich ein Satz herauskristallisiert, der sich Ihnen besonders gut einprägt. Er sollte nicht zu lang sein und eine gewisse Melodie aufweisen, braucht aber ansonsten keinen besonderen logischen Sinn zu ergeben, z. B.: »Die Biene blättert lang im Buch.« Fangen Sie ruhig an, diesen Satz vor sich her zu singen und ihn wie ein Mantra zu wiederholen. Wenn Sie sich dann schlafen legen, summen oder murmeln Sie diesen Satz vor sich hin – bis Sie eingeschlafen sind. Am nächsten Morgen überprüfen Sie, was diese Wörter in Ihrem Traumerleben bewirkt haben. Experimentieren Sie jede Nacht mit anderen Wortkombinationen, aber achten Sie darauf, dass Sie nur Wörter auswählen und Sätze bilden, die ein eher neutrales Gefühl bei Ihnen auslösen.

Eine besonders kreative Aufgabe besteht darin, den Traum in ein Gedicht zu verwandeln. Viele Schriftsteller sahen in ihren Träumen die Quelle für ihre Inspiration. Und haben nicht viele unserer Träume bereits eine poetische Qualität? Im Grunde müssen wir nichts weiter tun, als die Poesie des Traums in Worte zu kleiden.

Wählen Sie sich dazu zunächst einen Traum aus, am Anfang vielleicht einen einfacheren, nicht zu sehr symbolisch befrachteten. Schließen Sie dann die Augen, und rekapitulieren Sie den Traum, lassen Sie dabei aber Ihren Geist eher über die Bilder wandern, anstatt ihn in allen Einzelheiten darzustellen. Konzentrieren Sie sich auf Farben, Formen, Gefühle, Stimmungen. Lassen Sie Assoziationen auftauchen – der Traum darf sich bei dieser Betrachtung ruhig verändern. Dann, wenn Sie den Impuls dazu spüren, schreiben Sie den Traum in wenigen Sätzen nieder, es sollte eher eine kurze, kleine Geschichte werden und kein ganzer Traumbericht. Alle Veränderungen und Modifikationen des ursprünglichen Traums arbeiten Sie natürlich in diese Geschichte ein. Dann nehmen Sie sich das Geschriebene vor und markieren alle Verben und Substantive mit zwei verschiedenen Farben, also alle Gegenstände, Personen, Orte, Plätze und alle Handlungen, Aktionen werden getrennt markiert. Dann schreiben Sie die Geschichte noch einmal, verwenden aber diesmal nur die Substantive und die Verben. Nun arrangieren Sie die so entstehenden Sätze so lange, bis es Ihnen gefällt. Stellen Sie die Zeilen um, ergänzen Sie Wörter, lassen Sie welche weg.

Das so entstehende Traumgedicht trägt zwar deutlich das Gesicht des ursprünglichen Traums, wird aber so weit verfremdet sein, dass sich auch ganz neue Aspekte zeigen können.

Traumtalismane

Traumtalismane sollen den Schlaf und die Träume des Schläfers günstig beeinflussen. Sowohl der Traumfänger als auch die Sorgenpüppchen stammen aus alten Traditionen.

Traumfänger

Einer alten indianischen Legende nach wurde die Kunst des Traumfängers (engl.: *dreamcatcher*) einem alten Medizinmann der Lakota von Inktomi, einem Lehrergeist, vermittelt. Inktomi erschien dem Medizinmann während einer Vision in Gestalt einer Spinne und zeigte ihm, wie man einen Traumfänger herstellt. Der Ring verweist auf den Zyklus des Lebens und der Sonne, und das Netz selbst ist das Netz des Lebens und steht für unseren Lebensweg. In der Mitte des Netzes aber befindet sich ein Loch, durch welches schlechte Gedanken und böse Träume entweichen könnten, während die guten Gedanken, Träume und Visionen im Netz gefangen würden. So würden die guten Träume am Ende bewahrt werden, und die schlechten würden an uns vorüberziehen, ohne uns zu beeinflussen.

Die Ojibwa hingegen berichten, dass es die guten Träume sind, die als einzige den Weg durch das Loch in der Mitte und damit zu unseren Gedanken finden, während die schlechten Träume sich im Netz fangen und mit dem ersten Strahl der aufgehenden Sonne dahinschmelzen. Manche erzählen auch, dass alle Träume im Netz gefangen werden, aber nur die guten ihren Weg über die Federpendel zum Schläfer fänden. Außerdem werden den Gegenständen hin und wieder symbolische Bedeutungen zugewiesen.

Die ursprünglichen Traumfänger erinnern noch deutlich an das Muster des Spinnennetzes, modernere Varianten, wie sie in den meisten Indianershops und Esoterikläden angeboten werden, weisen eigentlich immer ein typisches Rosettenmuster auf. Wie auch immer – in der Regel wird der Traumfänger über die Schlafstätte von Kindern und Erwachsenen gehängt, und zwar in der Nähe des Fensters, wo ihn das reinigende Sonnenlicht erreichen kann. Wenn der Raum keine guten Lichtverhältnisse hat, dann sollte er hin und wieder gereinigt werden, z. B. über dem Rauch von verbrennendem White Sage, das im Fachhandel erhältlich ist. Auch vor dem ersten Aufhängen eines Traumfängers empfiehlt es sich, ihn mit dieser traditionellen Räucherung zu reinigen.

Einen Traumfänger herstellen

Einen Traumfänger selbst herzustellen ist eine schöne und zugleich meditative Arbeit. Sie benötigen dazu folgende Materialien:

- Dünne Weidenruten (z. B. Trauerweide) oder einen vorgefertigten Holzring
- Schnur (z. B. Baumwollgarn, Paketschnur, am besten dunkelrot) und eine entsprechend große Nadel
- Blumendraht, Wolle, Bast, Bänder aus Stoff oder Leder
- Perlen (aus Holz, Ton, Papier etc.), Gefundenes (Treibholz, Steine, Muscheln, Rinden ...), Federn, Fellreste etc.

So wird's gemacht:

1. Biegen Sie die Weidenrute zu einem Ring zusammen, und binden Sie die Enden mit dem Blumendraht zusammen. (Sie können auch einen vorgefertigten Holzring in gewünschter Größe aus dem Bastelbedarf verwenden.)

2. Wickeln Sie Blumendraht um den gesamten Ring, damit er seine Form behält. Anschließend wickeln Sie Wolle, Bast, Leder- oder Stoffbänder zur Verzierung um den Ring.

3. Nehmen Sie für das Netz einen langen Baumwollfaden, und befestigen Sie ihn dort, wo Sie die beiden Enden der Weidenrute zusammengebunden haben. Am besten geht das mit einer großen Nadel: Führen Sie die Nadel mit dem Faden von vorne nach hinten über den Ring und dann durch die Schlaufe, die sich dadurch gebildet hat. Diesen Vorgang wiederholen Sie so oft, bis Sie einmal um den ganzen Reifen herum sind (vgl. Illustration).

4. Etwa eine Schlaufenbreite vor dem Anfang machen Sie die letzte Schlaufe. Ziehen Sie dann den Faden mit der Nadel von unten nach oben (oder umgekehrt) durch die erste Schlaufe durch. Machen Sie das so lange, bis sich das Netz schließt. Halten Sie dabei den Ring möglichst straff, damit Sie gut erkennen können, wo die nächste Schlaufe folgt.

5. Dann wiederholen Sie den Vorgang reihum, bis Sie in der Mitte angelangt sind. Dort verknoten Sie den Faden fest. Das Netz ist fertig.

6. Während des Knüpfens können Sie bereits Perlen in das Netz einflechten, entweder willkürlich oder nach einem Muster. (Wenn Ihnen während der Arbeit der Faden ausgeht, können Sie ein weiteres Stück Faden anknoten und den Knoten mit einer Perle verstecken.)

7. Befestigen Sie zum Schluss an der unteren Seite des Rings in gleichen Abständen drei etwa gleich lange Fäden. Beschweren Sie diese Fäden mit Perlen, und hängen Sie Federn daran.

8. Verzieren Sie Ihren Traumfänger, indem Sie Gefundenes in das Netz hängen, so als ob es sich darin gefangen hätte.

Sorgenpüppchen

Sorgenpüppchen sind kleine aus Draht, Papier und Stoffresten gebastelte Figürchen, die in einem Leder- oder bunten Stoffbeutel aufbewahrt werden. In Südamerika glaubt man, dass diese Püppchen über Nacht die Sorgen (insbesondere die der Kinder) verschwinden und Wünsche in Erfüllung gehen lassen. Dazu erzählt man den Püppchen vor dem Schlafengehen seine Sorgen und Wünsche und legt sie dann in ihrem Beutel unter das Kopfkissen – eine Sorge oder ein Wunsch pro Püppchen!

Traumpflanzen

Von vielen Kräutern und Pflanzen wird berichtet, dass sie schon in der Antike eingesetzt wurden, um Visionen und Träume zu fördern, z. B. Lorbeer und Myrrhe im Orakel zu Delphi. Auch der berauschende Muskat wurde schon früh als Mittel erkannt, mit dem man das Traumgeschehen beeinflussen kann – allerdings mit vielen unschönen Nebenwirkungen.

Einige schamanische Kulturen trinken oder rauchen Kräuter, um visionäre und vor allen Dingen heilende Träume zu erhalten, z. B. Calea, das »Traumkraut« der Azteken, das »wahre Träume« bescheren soll, oder Salvia divinorum (»Wahrsagesalbei«). Diese Kräuter sind in unseren Breiten nur schwer zu bekommen, und ihre Verwendung ist nicht ganz ungefährlich. Deshalb möchte ich Sie einladen, Ihr Traumleben mit folgenden, auch bei uns erhältlichen Kräutern auf die ein oder andere Art und Weise zu stimulieren.

Traumkissen

Auch mit einem sogenannten Traumkissen soll man die guten Träume einfangen können – eine Tradition, die uns aus vielen Kulturen berichtet wird, unter anderem aus dem alten China. Dass der Geruch bestimmter Kräuter zudem die Traumvisionen stärkt, war schon in der Antike bekannt. Unter das Kopfkissen gelegt oder auch über das Bett gehängt, sollen sie zudem die Traumerinnerung fördern.

Traumkissen sind kleine, mit Kräutern gefüllte Kissen, die man leicht selbst herstellen kann. Sie können Ihr Traumkissen auch mit persönlichen Motiven besticken oder bemalen. Folgende Kräuter werden für besonders angenehme und heilsame Träume empfohlen:

- Beifuß – zieht gute Geister an.
- Kamille – beruhigt und taucht den Traum in sanfte Farben.
- Rosenblätter – bringen die inneren Saiten zum Schwingen, vertreiben Ängste.
- Lavendelblüten – für ein intensives Traumleben, gegen Alpträume.
- Schafgarbe – für besonders deutliche Traumbilder.
- Königskerze – gegen Alpträume.

Traumräucherung

Wer gerne räuchert, kann damit seine Träume stimulieren. Folgende Kräuter und Harze sind geeignet, als Mischungen oder auch einzeln:

- Opoponax – regt die Selbstheilungskräfte an und hilft, Lösungen zu finden.
- Copal blanco – reinigt und öffnet die inneren Sinne.
- Mastix – stärkt die Kraft der Intuition.
- Dammar – vertreibt düstere Gefühle und bringt Licht ins Dunkel.
- Lorbeer – für visionäre Träume.
- Elemi – fördert die Konzentration und klare Traumbilder.
- Muskatblüte – stimuliert das Traumleben nicht so stark wie Muskat.

Machen Sie aus dem Räuchern vor dem Schlafengehen ein Ritual: Sie können z. B. zusammen mit dem Rauch einen Wunsch oder eine Frage gen Himmel schicken und um eine Antwort im Traum bitten. Achten Sie jedoch darauf, dass Sie vor dem Schlafengehen alles Feuer gelöscht haben!

Traumöle

Ätherische Öle haben ebenfalls eine intensive Wirkung auf die Psyche. Mischen Sie folgende Öle zu einem Traumöl zusammen. Es soll bei Schlaflosigkeit ebenso helfen wie bei »Traumlosigkeit«, da seine Aromastoffe den REM-Schlaf stabilisieren:

- Lavendel, Palmarosa, Rosenholz – vertiefen den Schlaf.
- Zedernholz, Patschuli, Weihrauch – sorgen für Wohlbefinden im Traum.
- Lemongrass, Geranium – gleichen die schwereren Düfte mit ihrer Leichtigkeit und Frische aus.

Weitere Traumöle sind:
- Attar-Shamanie – hilft gegen Alpträume, unterstützt die Kreativität, unterstützt luzides Träumen.
- Immortelle – unterstützt die Innenschau und die Traumerinnerung.
- Römische Kamille – ist gut geeignet bei Einschlafstörungen, beugt schlechten Träumen vor.
- Mandarine – ist besonders für Kinder geeignet, hilft gegen Angstträume.
- Muskat – ist ein sehr starkes Traumöl und sollte nur sehr sparsam eingesetzt werden!

Geben Sie von Ihrem Traumöl ein bis zwei Tropfen auf Ihr Kopfkissen oder auf ein Baumwolltaschentuch, das Sie neben Ihren Kopf in Reichweite legen. Sie können auch einige Tropfen in eine Duftlampe geben, achten Sie aber darauf, dass Sie vor dem Einschlafen die Flamme löschen! Es genügt, wenn der Duft noch eine Weile im Raum schwebt.

Literatur

Aeppli, Ernst: *Der Traum und seine Deutung*. Mit 500 Traumsymbolen. Knaur, München 2001

Alt, Peter-André: *Der Schlaf der Vernunft: Literatur und Traum in der Kulturgeschichte der Neuzeit*. C.H. Beck, München 2002

Bauer, Wolfgang et al.: *Lexikon der Symbole*. Marix, Wiesbaden 2004

Biedermann, Hans: *Knaurs Lexikon der Symbole*. Knaur, München 1989

Bluestone, Sarvananda/Bluestone, Ph. D.: *The World Dream Book: Use the Wisdom of World Cultures to Uncover Your Dream Power*. Destiny Books, U.S., Rochester, Vermont 2002

Faraday, Ann: *Deine Träume – Schlüssel zur Selbsterkenntnis*. Fischer, Frankfurt am Main 2001

Freud, Sigmund: *Die Traumdeutung*. Fischer, Frankfurt 1991

Fromm, Erich: *Märchen, Mythen, Träume*. Rowohlt, Reinbek 2001

Gendlin, Eugene T.: *Dein Körper – Dein Traumdeuter*. Klett-Cotta, Stuttgart 2009

Hermes, Laura: *Aphrodites Traum*. Königsfurt, Königsförde 2000

Holzinger, Brigitte: *Anleitung zum Träumen. Träume kreativ nutzen*. Klett-Cotta, Stuttgart 2007

Jung, Carl Gustav: Taschenbuchausgabe in 11 Bänden: *Traum und Traumdeutung*. dtv, München 2001

Kalweit, Holger: *Die Welt der Schamanen. Traumzeit und innerer Raum*. Schirner, Darmstadt 1984

Lurker, Manfred: *Wörterbuch der Symbolik*. Kröner, Stuttgart 1991

Schredl, Michael/Rüschemeyer, Georg: *Träume: Die Wissenschaft enträtselt unser nächtliches Kopfkino*. Ullstein, Berlin 2007

Schredl, Michael: *Die nächtliche Traumwelt: Eine Einführung in die psychologische Traumforschung*. Kohlhammer, Stuttgart 1999

Schütz, Gerhard: *Über Träume, Trance und Kreativität*. Junfermann, Paderborn 1999

Tholey, Paul/Utrecht, Kaleb: *Schöpferisch träumen*. Klotz, Eschborn, 2000

Türcke, Christoph: *Philosophie des Traums*. C.H. Beck, München 2008

Varela, Francisco J. (Hrsg.): *Traum, Schlaf und Tod*. Piper, München 2001

Register

A

Alltags-Ich 33 f., 120 f., 151 f., 156 f.
Alpha-Wellen 48
Alpträume 30 ff., 63 ff., 137, 167 ff.
- Deutung 169 f.
- Kinder 168
Analyse 119 f., 166 f.
Angstträume 63 ff.
Archetypen 44, 46, 60 f.
Assoziationen 22 f., 92
Aufmerksamkeit 20, 24
Aufwachphase 100 ff.
Autosuggestionen 99 f.

B

Beta-Wellen 48
Bilder 91 ff., 104 f.
Bildersprache 83 f.

C

Delta-Wellen 49

E

Einschlafträume 65 f., 97 ff.
Erinnerung 18 f., 25, 30, 52 ff., 70 f., 93, 99 f., 103 f., 105 f.
- Trainieren 53 f.

F

Fragestellung 164 ff.
Freud, Sigmund 12 f., 44 f.

G

Gehirnentwicklung 56 f.

H

Hypnagoge Halluzinationen s. Einschlafträume
Hypnagoge Phase 166
Hypnogramm 47 f.
Hypnopompe Halluzinationen 65

I

Indianer 11, 17 f., 43, 177
Inneres Reich 28 ff., 32
Intensität 37 f.

J

Jung, Carl Gustav 12 f., 44, 45 f., 60 f.

K

Kindheitserinnerungen 60
Klarträume 66 ff.
Kontrolle 16 f.
Kraftquelle 24 ff.
Kreatives Träumen 170 ff.
- Experimente 170 ff.
Kreativität 17, 90

L

Luzide Träume s. Klarträume
Lyrik 86 f.

M

Märchen 91 f.
Metaphern 83 ff., 86 ff., 104 f.

N

Non-REM-Phase 50 ff., 55, 64 f.

O

Objekte 108 f.
Objektivierung 116 f., 150 f.

P

Pavor nocturnus 63 ff.
Psychologie 54 f.

R

Reise 27 ff., 32
REM-Phase 49 ff., 53, 55 ff.,
    64, 67
Rituale 107 f.

S

Schlaf 47 ff.
Schlüsselfragen 124 ff.
Sorgenpüppchen 180
Symbole 91 f.

T

Tagträume 68 f., 94 ff.
Theta-Wellen 48 f.
Tiefenpsychologie 58, 60
Traum 9, 30 ff., 69 ff.
- Funktion 47 ff.

- Kulturgeschichte 39 ff.
- Problemlöser 161 ff.
- Quelle 149 f., 155 f.
- Ratgeber 163
- Sinnhaftigkeit 54 ff., 76
- Stimmung 75
- Themen 76 ff.
Traumarten 63 ff.
- Traum vom Fallen 77 f.
- Traum vom Fliegen 78 f.
- Traum vom Fliehen 79
- Traum vom Nacktsein 79 f.
- Traum von ausfallenden
    Zähnen 80 f.
Traumarbeit 17, 20, 24, 25 f.,
    81 ff., 101 f., 161 ff.
Traumbeispiele 27 f., 115, 117,
    118, 128, 149, 150, 155
Traumbericht 103 ff.
Traumbewusstsein 11 f., 20 f.,
    23 f., 26, 81, 83, 88, 94, 101,
    163, 170
Traumbild 60 f., 71 f.
- deuten 128 ff.
- Herkunft 57 ff.
- Quellen 58
- Quintessenz 133
- vier Dimensionen 126 f.
Traumbotschaft 75 f., 154 f.
Traumdeutung 20, 21 ff.,
    72 f., 75 ff.

- Beispiele 149 ff.
- Regeln 75 ff.
- Schritte 82
Traumfänger 177 ff.
- Bastelanleitung 178 f.
Traumforschung, psycho-
  logische 47
Traumgedicht 174 ff.
Traumgestalten 138 ff.
- Botschaft 139 f.
- Einsiedler/Einsiedlerin 147
- Gastgeber/Gastgeberin 143 f.
- Heiler/Heilerin 141 f.
- Herrscher/Herrscherin 140 f.
- Krieger/Kriegerin 144 f.
- Narr/Närrin 148
- Priester/Priesterin 146
- Wanderer/Wandernde 142 f.
Traumhaus 30 ff.
Traum-Ich 33 f., 120 ff.
- Lösungsmöglichkeiten 123 f.
Trauminhalt 114 ff.
Trauminkubation 40, 161 ff.
Traumkissen 181 f.
Traumkulturen 42 ff.
Traumlied 173 f.
Traum-Mandala 127, 133
Traummythologie 19, 137 ff.
Traumöle 183 f.
Traumpflanzen 181 ff.
Traumquellen 70, 114

Traumräucherung 182 f.
Traumsymbole 71 f.
- deuten 126 ff., 152 ff., 158 f.
- Dialog mit 136 f.
- vertiefen 133 f.
- visualisieren 134 ff.
Traumsymbol-Lexika 23,
  71 f., 131 f.
Traumtagebuch 19, 105 f., 109 ff.
- Inhalt 112 f.
- Tipps 110 ff.
Traumtalismane 177 ff.
Traumwelt 32 ff.
- Merkmale 33 ff.
Traum-Yoga 16, 43 f.

U
Unbewusstes 13, 44 ff., 58
Unterbewusstes 58

V
Vieldeutigkeit 15, 23
Visuelles Vorstellungs-
  vermögen 93 ff.
- Training 94 f.

W
Wachbewusstsein 11 f., 20 f.,
  23 f., 25 f., 81, 83, 88, 94, 170
Wahrheiten 15, 19ff
Wahrnehmung 89 f.
Wirklichkeit 9, 69 ff.

Christopher A. Weidner

Wabi Sabi –
Nicht perfekt und trotzdem glücklich!
Der asiatische Weg zu mehr Gelassenheit

Perfekt in jeder Lebenslage – durch diesen Anspruch an sich selbst geraten immer mehr Menschen in eine Spirale aus Leistungsdruck und Überforderung. Christopher A. Weidner zeigt, wie es gelingt, mit der japanischen Philosophie des Wabi Sabi aus dieser Falle auszusteigen. Denn nicht Perfektion macht glücklich, sondern den Augenblick wertzuschätzen und die Schönheit des Unvollkommenen zu erkennen.

Mit Hilfe dieses Buchs lernt der Leser, Beziehungen durch eine tiefere Kommunikation harmonischer zu gestalten, am Arbeitsplatz Stress zu vermeiden und zufriedener zu leben. Viele Rituale und Achtsamkeitsübungen verankern das Wabi-Sabi-Gefühl im Alltag.

Knaur Taschenbuch Verlag